커뮤니케이션

일본어 회화

쉽고 정확하게 배울 수 있는

커뮤니케이션 일본어 회화

사사히로코
장윤희
지음

HUiNE

표기 방법에 대해서

	표기 방법	품사 및 활용형	예
(1)	명	명사	犬、人、夢
	명＋である		犬(である)、犬(である)、夢(である)
	명(보통형)	명사 보통형	犬だ、犬ではない、犬だった、犬ではなかった
(2)	な형어간	な형용사 어간	きれい、ハンサム、元気
	な형어간＋である		きれい(である)、ハンサム(である)、元気(である)
	な형어간＋だった	な형용사 과거형	きれいだった、ハンサムだった、元気だった
	な형어간＋ではなかった	な형용사 과거부정형	きれいではなかった、ハンサムではなかった、元気ではなかった
	な형(보통형)	な형용사 보통형	きれいだ、きれいである、きれいではない、きれいだった、きれいではなかった
(3)	い형 기본형	い형용사 기본형	寒い、かわいい、楽しい
	い형어간	い형용사 어간	寒、かわい、楽し
	い형어간＋くない	い형용사 부정형	寒くない、かわいくない、楽しくない
	い형어간＋くて	い형용사 て형	寒くて、かわいくて、楽しくて
	い형어간＋かった	い형용사 과거형	寒かった、かわいかった、楽しかった
	い형어간＋くなかった	い형용사 과거부정형	寒くなかった、かわいくなかった、楽しくなかった
	い형어간＋ければ	い형용사 조건형	寒ければ、かわいければ、楽しければ
	い형(보통형)	い형용사 보통형	寒い、寒くない、寒かった、寒くなかった

	표기 방법	품사 및 활용형	예
(4)	동	동사 기본형	行く、見る、来る、する
	동(た형)	동사 た형	行った、見た、来た、した
	동(て형)	동사 て형	行って、見て、来て、して
	동(연용형)	동사 연용형	行き、見、来、し
	동(ます형)	동사 ます형	行きます、見ます、来ます、します
	동(ない형)	동사 ない형	行かない、見ない、来ない、しない
	동(미연형)	동사 미연형	行か、見、来、し
	동(조건형)	동사 조건형	行けば、見れば、来れば、すれば
	동(의지형)	동사 의지형	行こう、見よう、来よう、しよう
	동(가능형)	동사 가능형	行ける、見られる、来られる、できる
	동(수동형)	동사 수동형	行かれる、見られる、来られる、される
	동(사역형)	동사 사역형	行かせる、見させる、来させる、させる
	동(보통형)	동사 보통형	行く、行かない、行った、行かなかった

목차

제1과 권유

제1강 내일이나 모레 같이 식사할래요?

제2강 괜찮으면 같이 가지 않을래?

제1과 권유

제1강 내일이나 모레 같이 식사할래요?

森(もり)　吉田(よしだ)さん、明日(あした)か明後日(あさって)、一緒(いっしょ)にご飯(はん)でも食(た)べませんか。

吉田(よしだ)　あっ、すみません。
今週(こんしゅう)はイベントの準備(じゅんび)で忙(いそが)しいので、
ちょっと時間(じかん)がとれそうにないんです。

森(もり)　そうなんですか。残念(ざんねん)ですね。

吉田(よしだ)　でも、イベントさえ終(お)われば、時間(じかん)がとれそうなので、
来週以降(らいしゅういこう)はどうですか。

森(もり)　いいですね。じゃあ、イベントが終(お)わったら、
あらためて日程(にってい)を決(き)めましょう。

吉田(よしだ)　はい。

모 리	요시다씨, 내일이나 모레 같이 식사할래요?
요시다	아, 죄송해요.
	이번 주는 행사준비 때문에 바빠서 시간 내기가 좀 어려울 것 같아요.
모 리	그렇군요. 아쉽네요.
요시다	그래도 행사만 끝나면 시간이 날 것 같은데 다음주 이후에는 어떠세요?
모 리	좋아요. 그럼 행사가 끝나면 다시 약속을 잡기로 해요.
요시다	네.

어휘 학습

단어	예문
イベント	イベントを企画(きかく)する。
(명)행사, 이벤트	행사를 기획하다.
忙(いそが)しい	ねこの手(て)も借(か)りたいほど忙(いそが)しい。
(い형)바쁘다	고양이 손이라도 빌리고 싶을 정도로 바쁘다. (눈코 뜰 새 없이 바쁘다는 의미의 관용표현)
残念(ざんねん)	会(あ)えなくて残念(ざんねん)だ。
(명/な형)아쉬움, 유감	못 만나서 아쉽다.
以降(いこう)	四月(しがつ)以降(いこう)に会(あ)おう。
(명)이후	4월 이후에 만나자.
改(あらた)めて	改(あらた)めて聞(き)く。
(부)다시	다시 묻다.
日程(にってい)	日程(にってい)を組(く)む。
(명)일정	일정을 짜다.
決(き)める	順番(じゅんばん)を決(き)める。
(동)결정하다	순서를 정하다.

문형해설 & 문형연습

1 ～ませんか ~하지 않을래요?/~할래요?

一緒にご飯でも食べませんか。

같이 식사(라도) 할래요? (권유)

「동(연용형) + ませんか」

- 상대방에게 어떤 행동을 함께 하도록 제안할 때 사용하는 표현이다.

1	一緒にお茶でもしませんか。	같이 차(라도) 마실래요?
2	一緒に映画でもみませんか。	같이 영화(라도) 볼래요?
3	一緒にお酒でものみませんか。	같이 술(이라도) 마실래요?

2 ～ので ~해서

今週はいそがしいので、ちょっと時間がとれそうにないんです。

이번 주는 바빠서 시간을 내기가 좀 어려울 것 같아요. (이유)

「명/な형/い형/동(보통형) + ので」「명/な형어간 + なので」

- 앞의 내용이 원인, 이유가 되어 뒤의 내용을 설명할 때 사용한다.
- 뒷부분에는 명령표현이나 금지표현을 사용할 수 없으며, 뒷부분에 명령표현이나 금지표현을 사용할 때는「～から」를 사용해야 한다.

1	昨日は疲れていたので、早く寝ました。	어제는 피곤해서 일찍 잤습니다.
2	コーヒーが好きなので、毎朝コーヒーを飲みます。	커피를 좋아해서 매일 아침 커피를 마십니다.
3	今日は用事があるので、先に帰ります。	오늘은 일이 있어서 먼저 돌아가겠습니다.

3 ～そうにない ~하지 못할 것 같다

ちょっと時間がとれそうにないんです。

시간을 못 낼 것 같아요. (예상·판단)

「동(연용형) + そうにない」

- 「～そうもない」「～そうにもない」 형태로 '~할 가능성이 작다'는 의미이다.

1	今日は眠れそうにない。	오늘은 잠 못 이룰 것 같다.
2	この薬は苦いので、飲めそうにない。	이 약은 써서 못 먹을 것 같다.
3	メモをしないと覚えられそうにない。	메모를 하지 않으면 못 외울 것 같다.

4 ～さえ～ば ~만 ~하면

イベントさえ終われば、時間がとれそうです。

행사만 끝나면 시간이 날 것 같아요. (충분조건)

「명 + さえ～ば」「な형어간 + でさえあれば」「い형어간 + くさえあれば」
「동(연용형) + さえすれば」

- 「～さえ—ば…」는 '…하기 위해서는 (조건인) ~만 -하면 되기 때문에 다른 것은 문제가 되지 않는다'는 의미로 사용한다.

1	勉強さえすれば、合格できます。	공부만 하면 합격할 수 있습니다.
2	店の名前さえ分かれば、すぐに見つけることができます。	가게이름만 알면 바로 찾을 수 있습니다.
3	この病気は手術さえすれば、治ります。	이 병은 수술만 하면 낫습니다.

5 ～たら ~하면

イベントが終わったら、あらためて日程を決めましょう。

행사가 끝나면 다시 약속을 잡기로 해요. (가정조건)

「명/な형어간 + だったら」「い형어간 + かったら」「동(た형) + ら」

- 「～たら」는 어떤 상황이 성립됐을 경우라는 의미이며, 「～たら」의 뒤에는 ① 실현되지 않은 내용 ② 화자의 의지 혹은 희망 ③ 청자에 대한 요구 혹은 권유 등이 온다.

1	宿題が終わったら、遊びに行ってもいいですよ。	숙제를 끝내면 놀러 가도 돼요.
2	おもしろい映画があったら、教えて下さい。	재미있는 영화가 있으면 알려주세요.
3	お酒を飲んだら、車を運転してはいけません。	술을 마시면 차를 운전해서는 안 됩니다.

6 ～ましょう ~합시다

あらためて日程を決めましょう。

다시 약속을 잡아봅시다. (청유)

「동(연용형) + ましょう」

- 상대방에게 의향을 묻기 보다는 어떤 행동을 함께 하기를 요청할 때 사용한다.
- 상대가 아랫사람이거나 동등한 관계인 경우에는 「～よう」라고 한다.

1	A：今日はピザが食べたい気分なんです。 B：いいですね。じゃあ、 イタリアンレストランに行きましょう。	A：오늘은 피자가 먹고 싶네요. B：좋아요. 그럼, 이탈리안 음식점으로 가요.
2	A：今日はお酒を飲みたい気分なんです。 B：そうですか。じゃあ、 今日は朝まで飲みましょう。	A：오늘은 술을 마시고 싶네요. B：그래요? 그럼, 오늘은 밤새 마십시다.
3	A：明日はどうしましょうか？ B：そうですね。じゃあ、十時に 新宿駅の東口で会いましょう。	A：내일은 어떻게 할까요? B：글쎄요. 그럼, 10시에 신주쿠역 동쪽 출구에서 만나요.

제1과 권유

제2강 괜찮으면 같이 가지 않을래?

鈴木(すずき)　今度(こんど)の水曜日(すいようび)、友達(ともだち)と勉強会(べんきょうかい)をするんだけど、
良(よ)かったら佐藤(さとう)さんもいっしょに行(い)かない？

佐藤(さとう)　ふうん。おもしろそうだね。どんな勉強会(べんきょうかい)なの？

鈴木(すずき)　新聞(しんぶん)を読(よ)みながら、
政治(せいじ)や経済(けいざい)について勉強(べんきょう)する集(あつ)まりなんだ。

佐藤(さとう)　えっ、難(むずか)しそうだね。
私(わたし)、あまりくわしくないから、
ついていけるかどうか心配(しんぱい)だな。

鈴木(すずき)　いや、全然(ぜんぜん)大丈夫(だいじょうぶ)だと思(おも)うよ。
みんな就活(しゅうかつ)のために勉強始(べんきょうはじ)めたばっかりなんだ。

佐藤(さとう)　そうなんだ。じゃあ一度(いちど)行(い)ってみようかな。

스즈키　이번 수요일에 친구들이랑 스터디할 건데
괜찮으면 사토씨도 같이 가지 않을래?

사　토　그래? 재미있겠다. 어떤 스터디인데?

스즈키　신문을 읽으면서 정치나 경제에 관해서 공부하는 모임이야.

사　토　앗, 어렵겠다.
나는 잘 모르니까 따라갈 수 있을지 걱정되네.

스즈키　아냐, 전혀 문제 없을 거야.
다들 취업 때문에 이제 막 공부하기 시작했거든.

사　토　그렇구나. 그럼 한번 가볼까?

어휘 학습

단어	예문
勉強会	勉強会に参加する。
(명)공부모임, 스터디	스터디에 참석하다.
新聞	記事が新聞に載る。
(명)신문	기사가 신문에 실리다.
政治	政治家になる。
(명)정치	정치인이 되다.
経済	経済を動かす。
(명)경제	경제를 움직이다.
集まり	女性だけの集まり
(명)모임	여성 모임
くわしい	くわしく説明する。
(い형)자세하다, 자세히 알고 있다	자세히 설명하다.
	政治にくわしい。
	정치에 정통하다.
ついていく	後をついていく。
(동)따라가다	뒤를 따라가다.
心配	将来を心配する。
(명/な형)걱정, 근심, 염려	장래를 걱정하다.
全然	全然知らない。
(부)전혀, 매우	전혀 모른다.
	全然いい。
	매우 좋다.
就活(就職活動)	就活で忙しい。
(명)구직활동	구직활동 때문에 바쁘다.
じゃあ(=では)	じゃあ、また明日。
(접)그럼	그럼, 내일 보자.

문형해설 & 문형연습

1 ～たら ~하면

良(よ)かったら、いっしょに行(い)かない？

괜찮으면 같이 갈래? (서두표현)

「명/な형어간＋だったら」「い형어간＋かったら」「동(た형)＋ら」

- 의뢰나 권유할 때, 정중하게 상대방의 사정을 묻는 표현이다.
- 같은 의미의 표현으로는「よかったら」「よろしかったら」「さしつかえなかったら」「よければ」「よろしければ」「さしつかえなければ」등이 있다.

1	A：どうしよう。パソコンが動(うご)かない。 B：よかったら、私(わたし)が手伝(てつだ)いますよ。	A：어쩌지. 컴퓨터가 작동하지를 않네. B：괜찮으시면 제가 도와드릴게요.
2	A：あら、おいしそう。 B：よろしかったら、お召(め)し上(あ)がり下(くだ)さい。	A：어머! 맛있겠다. B：괜찮으시면 드셔보세요.
3	A：あ、パンフレットだ。 B：よろしかったら、お持(も)ち帰(かえ)り下(くだ)さい。	A：어! 팜플렛이다. B：필요하시면 가져가세요.

2 ～ない？ ~않을래?

いっしょに行(い)かない？

같이 가지 않을래? (권유)

「동(ない형)？」

- 상대방에게 어떤 행동을 권하거나 같이 하자고 할 때 사용한다.
- 「ない？」와「ないか」는 같은 의미지만「ないか」는 주로 남성이 사용하는 말투이다.
- 정중하게 말할 때는「～ませんか」「～ません？」을 사용한다.

1	よかったら、一緒(いっしょ)にお茶(ちゃ)でもしない？	괜찮으면 같이 차라도 마시지 않을래?
2	よかったら、一緒(いっしょ)に映画(えいが)でも見(み)ない？	괜찮으면 같이 영화라도 보지 않을래?
3	よかったら、一緒(いっしょ)にご飯(はん)でも食(た)べない？	괜찮으면 같이 식사라도 하지 않을래?

3 ～そうだ ~겠다

おもしろそうだね。

재미있겠다. (판단)

「な형어간 + そうだ」「い형어간 + そうだ」

- 화자가 직접 보거나 들은 것을 근거로 내린 판단을 말할 때 사용한다.

1	(A와 B는 수학 문제를 보면서 대화하고 있다)	
	A：これ、分(わ)かる？ B：うわーっ、難(むずか)しそうだね。	A：이거 알겠어? B：헉, 어렵겠다.
2	(A와 B는 사진을 보면서 대화하고 있다)	
	A：バーベキューに行(い)ってきたの。 B：うわーっ、楽(たの)しそうだね。	A：바비큐 파티에 다녀왔어. B：우와! 즐거웠겠다.
3	(A와 B는 사진을 보면서 대화하고 있다)	
	A：昨日(きのう)食(た)べたんだ。 B：うわーっ、おいしそうだね。	A：어제 먹은 거야. B：우와! 맛있었겠네.

4 ～ながら ~하면서

新聞(しんぶん)を読(よ)みながら勉強(べんきょう)するんだ。

신문을 읽으면서 공부해. (동시진행)

「동(연용형) + ながら」

- 동시에 진행되는 두 가지 행위를 연결할 때 사용한다.
- 앞에 오는 행위 보다 뒤에 오는 행위가 주가 된다.

1	音楽(おんがく)を聞(き)きながら、勉強(べんきょう)しています。	음악을 들으면서 공부하고 있어요.
2	テレビを見(み)ながら、ご飯(はん)を食(た)べています。	텔레비전을 보면서 밥을 먹고 있어요.
3	ギターを弾(ひ)きながら、歌(うた)を歌(うた)っています。	기타를 치면서 노래를 부르고 있어요.

5 ~ばかりだ/~ばっかりだ 막 ~하다.

勉強(べんきょう)しはじめたばっかりなんだ。

막 공부하기 시작했어. (직후)

「동(た형) + ばかりだ」

- 어떤 행위가 이루어진 후 시간이 얼마 지나지 않았음을 나타낸다.
- 화자가 시간이 많이 지나지 않았다고 생각한다면, 행위 직후가 아니어도 사용할 수 있다.
- 「ばっかり」는 「ばかり」를 강조한 말이며, 구어체에서 많이 사용한다.

1	A：あれ、こんなビルあったっけ？ B：このビルは去年(きょねん)できたばっかりだよ。	A：어머, 이런 빌딩이 있었나? B：이 빌딩 작년에 지은 거라 생긴 지 얼마 안됐어.
2	A：あれ、お父(とう)さんは？ B：今出(いまで)かけたばっかりだよ。	A：어, 아버지는? B：방금 막 외출하셨어.
3	A：あれ、このスカートいつもはいているよね。 B：えっ、このスカート、昨日買(きのうか)ったばっかりだよ。	A：어머, 이 치마 자주 입네. B：어, 이 치마 어제 산 건데.

6 ~れるかどうか/~られるかどうか ~할 수 있을지

ついていけるかどうか心配(しんぱい)だな。

따라갈 수 있을 지 걱정이야. (가능)

「飲(の)む→飲(の)める(그룹1 동사)」「食(た)べる→食(た)べられる(그룹2 동사)」
「来(く)る→来(こ)られる(그룹3 동사)」「する→できる(그룹3 동사)」

- 실제로 이루어질 가능성을 나타내는 표현이다.
- 사람의 의지와 관계가 없는 동사 「困(こま)る(곤란하다)」「病気(びょうき)になる(병이 나다)」등은 가능형으로 만들 수 없다.
- 문어체로는 「~ことができるかどうか」를 많이 사용하며, 「~られるかどうか」는 구어체에서 주로 사용하는 표현이다.

1	A：納豆(なっとう)は大丈夫(だいじょうぶ)ですか？ B：ええ。納豆(なっとう)は食(た)べられます。	A : 낫토는 먹을 수 있어요? B : 네, 낫토는 먹을 수 있어요.
2	A：ビールは大丈夫(だいじょうぶ)ですか？ B：ええ。ビールは飲(の)めます。	A : 맥주는 마실 수 있어요? B : 네, 맥주는 마실 수 있어요.
3	A：日曜日(にちようび)は大丈夫(だいじょうぶ)ですか？ B：ええ。日曜日(にちようび)は来(こ)られます。	A : 일요일은 (시간) 괜찮아요? B : 네, 일요일은 올 수 있어요.

제2과 충고·조언

제1강 스마트폰 때문에 잠을 못 자는 사람이 많다고 하더라

제2강 그 아르바이트 너무 노동력 착취하는 것 아니야?

제2과 충고·조언

제1강 스마트폰 때문에 잠을 못 자는 사람이 많다고 하더라

渡辺　小林さん、なんだか疲れているみたいだけど、大丈夫？

小林　えっ、分かります？最近、全然眠れないんです。

渡辺　ストレスがたまってるんじゃないの？

小林　いえ、そういうわけではないんですが、
ここのところ毎日寝不足で…。

渡辺　そうなの？もしかして夜遅くまで
スマホでゲームしたりしてない？

小林　えっ、どうして分かったんですか？
ついつい寝る前にスマホをさわってしまうんですよ。

渡辺　気を付けてね。スマホのせいで眠れなくなる人、
多いんだって。

와타나베　고바야시씨, 왠지 피곤해 보이는데 괜찮아?

고바야시　앗, 눈치 채셨어요? 최근에 전혀 잠을 못 자고 있어요.

와타나베　스트레스가 쌓인 것 아냐?

고바야시　아니요, 그런 건 아닌데 요즘 매일 잠이 부족해서요.

와타나베　그래? 혹시 밤 늦게까지 스마트폰으로 게임하는 것 아니야?

고바야시　어떻게 아셨어요?
저도 모르게 자기 전 스마트폰에 손이 가고 말더라고요.

와타나베　조심해야 해. 스마트폰 때문에 잠을 못 자는 사람이 많다고 하더라.

어휘 학습

단어	예문
なんだか	なんだか悲しい。
(부)왠지, 어쩐지	왠지 슬프다.
疲れる	人生に疲れる。
(동)피곤하다, 지치다	삶에 지치다.
最近	最近まで知らなかった。
(명)최근	최근까지 몰랐다.
眠る	ぐっすりと眠る。
(동)잠자다, 활용되지 않다, 죽다	잠을 푹 자다.
ストレス	ストレスを解消する。
(명)스트레스	스트레스를 해소하다.
たまる	宿題がたまる。
(동)쌓이다, 밀리다	숙제가 밀리다.
寝不足	寝不足が続く。
(명)수면부족	수면부족이 지속되다.
もしかして	もしかして鈴木さんですか？
(부)혹시	혹시 스즈키씨세요?
スマホ(スマートフォン)	スマホを無くす。
(명)스마트폰	스마트폰을 잃어버리다.
ゲーム	ゲームに夢中になる。
(명)게임	게임에 빠지다.
ついつい	ついつい食べすぎてしまう。
(부)그만 자신도 모르게, 무의식 중에	나도 모르게 과식하게 되다.
寝る	一日中寝ている。
(동)자다, 눕다	하루종일 자고 있다.
さわる	汚い手でさわる。
(동)손대다, 만지다	더러운 손으로 만지다.
気を付ける	車に気を付けて。
(동)조심하다, 주의하다	차 조심해.

문형해설 & 문형연습

1 ～みたいだ ~보인다/~같다

なんだか疲(つか)れているみたいだ。

왠지 피곤해 보인다. (추측)

「명/な형/い형/동(보통형) + みたいだ」「명/な형어간 + みたいだ」

- 화자가 직접 보거나 들은 것을 근거로 하여 추측한 내용을 말할 때 사용한다.
- 본인은 그렇게 생각하지만, 확실하게 단정지을 수 없을 때 사용한다.

1	どうも風邪(かぜ)をひいたみたいだ。	아무래도 감기에 걸린 것 같다.
2	鈴木(すずき)さんは、怒(おこ)っているみたいだ。	스즈키씨는 화가 난 것처럼 보인다.
3	山田(やまだ)さんは、甘(あま)いものが嫌(きら)いみたいだ。	야마다씨는 단 음식을 싫어하는 것 같다.

2 ～わけではない ~것은 아니다

そういうわけではないんです。

그런 것은 아닙니다. (부분부정)

「명/な형/い형/동(보통형) + わけではない」「명 + の/なわけではない」
「な형어간 + なわけではない」

- 현재 상황이나 앞선 발언에서 자연스레 도출되는 사항을 부정할 때 사용한다.
- 「だからといって(그렇다고 해서)」「別(べつ)に(그다지)」「特(とく)に(특히)」와 함께 사용할 때가 많다.

1	A：英語、お上手なんですね。うらやましいです。 B：いえ、上手なわけではないんですが、 英語の勉強が好きなんです。	A：영어를 잘하시네요. 부러워요. B：아뇨, 잘하는 건 아니지만 영어 공부를 좋아해요.
2	A：じゃあ、日曜日でいいですか？ B：いえ、日曜日に予定があるわけではないんですが、日曜日以外でお願いします。	A：그럼, 일요일로 할까요? B：아뇨, 일요일에 일정이 있는 건 아니지만 일요일 말고 다른 날로 부탁 드려요.
3	A：車の運転できますか？ B：いえ、運転できないわけじゃないんですが、 運転は苦手なんです。	A：자동차 운전 할 수 있으세요? B：아뇨, 운전을 못하는 건 아니지만 운전이 서툴러요.

3 ～まえに ~하기 전에

寝る前にスマホをさわる。

자기 전에 스마트폰을 만지다. (순서)

「동(기본형) + まえに」

- 「XまえにY」는 'X를 하기 전에 Y를 한다'는 의미이다.
- 문장 끝에 오는 서술어의 시제와 상관없이 「～まえに」 앞에는 동사의 기본형을 사용한다.

1	日本に行く前に、日本語を勉強する。	일본에 가기 전에 일본어를 공부하다.
2	寝る前に、歯をみがく。	자기 전에 이를 닦다.
3	プールに入る前に、準備運動をする。	수영장에 들어가기 전에 준비운동을 하다.

4 ～てしまう ~말다/~버리다

ついついスマホをさわってしまう。

나도 모르게 스마트폰에 손이 가고 만다. (유감)

「동(て형) + しまう」

- 행동이 실현되었음을 나타내는 문형이지만, 문맥에 따라 그 행동에 대한 아쉬움, 후회와 같은 부정적 감정을 나타낼 때 사용하기도 한다.
- 돌이킬 수 없는 일이 일어나고 말았다는 의미로도 사용할 수 있다.
- 구어체에서는「書いてしまう→書いちゃう」「来てしまう→来ちゃう」와 같이「～ちゃう」 형태로 사용하기도 한다.

1	買ったばっかりなのに、財布を落としてしまった。	산지 얼마 안 됐는데 지갑을 잃어 버렸다.
2	ダイエット中なのに、ケーキを食べてしまった。	다이어트 중인데 케이크를 먹고 말았다.
3	試験なのに、遅刻してしまった。	시험인데 지각하고 말았다.

5 ～せいで ~때문에

スマホのせいで眠れなくなる。

스마트폰 때문에 잠을 못 자게 되다. (원인·이유)

「명 + のせい」「な형어간 + なせい」「い형/동(보통형) + せい」

- 안 좋은 일이 생긴 원인과 책임 소재를 나타낼 때 사용한다.
- 뒤에는 그 원인으로 인해 일어난 안 좋은 상황을 나타내는 문장이 온다.
- 경우에 따라「～ので」「～ために」로 대체할 수 있다.

1	熱帯夜のせいで、眠れなくなる。	열대야 때문에 잠을 못 자게 되다.
2	暑さのせいで、食欲が無くなる。	더위 때문에 식욕이 없어지다.
3	雪のせいで、電車が遅れる。	눈 때문에 전철이 늦어지다.

6 ~んだって ~하다고 하더라

スマホのせいで眠(ねむ)れなくなる人(ひと)、多(おお)いんだって。

스마트폰 때문에 잠을 못 자는 사람들이 많다고 하더라. (인용)

「명/な형/い형/동(보통형) + んだって」「명/な형어간 + なんだって」

- 「~のだ/んだ」와 인용할 때 사용하는 「って」가 연결된 문형으로, 다른 사람에게 들은 정보를 말할 때 사용한다.
- 문어체보다 구어체에서 많이 사용하는 표현이다.

1	A：この店(みせ)のケーキ、おいしいんだって。 B：えっ、本当(ほんとう)？	A : 이 가게 케이크가 맛있대. B : 어, 정말?
2	A：あのカップル、別(わか)れたんだって。 B：えっ、本当(ほんとう)？	A : 그 커플 헤어졌대. B : 어, 정말?
3	A：あの人(ひと)、歌手(かしゅ)なんだって。 B：えっ、本当(ほんとう)？	A : 그 사람 가수래. B : 어, 정말?

제2과 충고·조언

제2강 그 아르바이트 너무 노동력 착취하는 것 아니야?

清水(しみず)	最近(さいきん)さ、バイトのせいで、 まったく学校(がっこう)に行(い)けていないんだ。
阿部(あべ)	そのバイトって、完全(かんぜん)にブラックバイトじゃない？
清水(しみず)	やっぱり？だから、どうやってやめようか 考(かんが)えているところなんだ。
阿部(あべ)	早(はや)く専門家(せんもんか)に相談(そうだん)したほうがいいよ。
清水(しみず)	そうだよね。相談(そうだん)しないことには、はじまらないよね。
阿部(あべ)	このままだと、学校(がっこう)を辞(や)めることになるよ。 早(はや)く相談(そうだん)しておいで。

시미즈	요새 아르바이트 때문에 학교를 전혀 못 가고 있어.
아 베	그 아르바이트 너무 노동력 착취하는 것 아니야?
시미즈	역시 그렇지? 그래서 어떻게 그만둘 지 생각하고 있는 중이야.
아 베	빨리 전문가에게 상담받는 게 좋겠다.
시미즈	맞아. 상담 받지 않으면 어찌 할 도리가 없을 것 같아.
아 베	이대로라면 학교를 그만두게 될 수도 있어. 얼른 상담해 봐.

어휘 학습

단어	예문
バイト	バイトにはげむ。
(명)아르바이트	아르바이트를 열심히 하다.
全(まった)く	全(まった)く興味(きょうみ)が ない。
(부)전혀	전혀 흥미가 없다.
完全(かんぜん)	完全(かんぜん)な形(かたち)で保存(ほぞん)する。
(な형)완전	완전한 형태로 보존하다.
ブラックバイト	ブラックバイトが問題(もんだい)になる。
(명)노동력을 착취하는 아르바이트	'노동착취 아르바이트'가 사회문제가 되다.
やっぱり	彼(かれ)はやっぱり来(こ)なかった。
(부)역시	그는 역시 오지 않았다.
辞(や)める	会社(かいしゃ)を辞(や)める。
(동)그만두다	회사를 그만두다.
専門家(せんもんか)	専門家(せんもんか)の意見(いけん)を聞(き)く。
(명)전문가	전문가에게 의견을 묻다.
相談(そうだん)	先生(せんせい)に相談(そうだん)する。
(명/동)상담, 상의	선생님께 상의드리다.
このまま	このままでは大変(たいへん)なことになる。
(명)이대로	이대로 가면 큰일이 난다.

문형해설 & 문형연습

1 ～って

そのバイトって、ブラックバイトじゃない？

그 아르바이트, 노동력 착취하는 것 아니야? (주제)

「명/な형어간 + って」「い형(기본형) + って」「동(기본형)(の) + って」

- 앞의 내용을 주제로 부각시켜 의미를 설명하거나 평가를 내릴 때 사용한다.
- 편한 상대에게 주로 사용하는 구어체 표현이다.

1	キム・テヒって、きれいだよね。	김태희는 예쁘지.
2	若(わか)いって、いいよね。	젊음이 좋지.
3	働(はたら)く(の)って、大変(たいへん)だよね。	일하는 것은 힘들어.

2 ～じゃない？ ~아니야?

そのバイト、ブラックバイトじゃない？

그 아르바이트, 노동력 착취하는 것 아니야? (추측확인)

「명/な형/い형/동(보통형) + んじゃない？」「명/な형어간 + (なん)じゃない？」

- 상대에게 동의를 구하면서, 화자가 추측한 내용을 확인할 때 사용하는 표현이다.
- 좀 더 편하게 말할 때는「～じゃん」을 사용하며, 정중하게 말할 때는「～じゃないですか」「～じゃありませんか」등을 사용한다.
- 여성은 주로「～じゃないの」와「～じゃない」를 사용하고, 남성은「～じゃないか」를 사용한다.

1	A：あれっ、雪(ゆき)じゃない？ B：ほんとだ。雪(ゆき)だ。	A：어머, 눈 아니야? B：정말이네. 눈이다.
2	A：うーん、ちょっと高(たか)いんじゃない？ B：ほんとだ。ちょっと高(たか)いね。	A：음, 좀 비싸지 않아? B：정말이네. 좀 비싸네.
3	A：あの二人(ふたり)、付(つ)き合(あ)っているんじゃない？ B：えっ、あの二人(ふたり)が？	A：그 두 사람 사귀는 것 아니야? B：앗, 그 두 사람이?

3 ～ているところだ ~하는 중이다

どうやってやめようか考えているところだ。

어떻게 그만둘지 생각하고 있는 중이야. (진행 중)

「동(て형) + いるところだ」

- 동사와 연결하여 진행상황을 알려줄 때 사용하는 표현이다.
- 어떤 행위를 하고 있음을 나타낸다.

1	A：ねえ、ごはんできた？ B：今作っているところだから、ちょっと待って。	A : 저기, 밥 다 됐어? B : 지금 하고 있는 중이니까 조금만 기다려.
2	A：ねえ、田中くんの電話番号分かった？ B：今調べているところだから、ちょっと待って。	A : 저기, 다나카군 전화번호 알아냈어? B : 지금 알아보고 있으니까 조금만 기다려.
3	A：ねえ、準備できた？ B：今着がえているところだから、ちょっと待って。	A : 저기, 준비 다 됐어? B : 지금 옷 갈아 입는 중이니까 조금만 기다려.

4 ～ほうがいい ~하는 게 좋다/~하는 편이 낫다

早く相談したほうがいい。

빨리 상담받는 게 좋겠다. (충고)

「동(기본형/た형/ない형) + ほうがいい」

- 상대방에게 충고, 조언을 할 때 사용한다.
- 기본형과 た형 사이에 큰 차이는 없으나, 상대에게 강하게 요구할 때는 た형을 사용하는 경향이 있다.

1	A：薬、飲みたくないな。 B：いや、でも飲んだほうがいいよ。	A : 약 먹기 싫다. B : 아냐, 그래도 먹는 게 나을 거야.
2	A：先生には、言いにくいな。 B：いや、でも言ったほうがいいよ。	A : 선생님께는 말씀 드리기가 어렵네. B : 아냐, 그래도 말씀 드리는 게 좋을 거야.
3	A：夕ごはん食べたのに、お腹すいちゃった。なんか食べるものない？ B：いや、でも食べないほうがいいよ。	A : 저녁 먹었는데도 배가 고프네. 뭐 먹을 거 없어? B : 아냐, 그래도 안 먹는 게 나을 거야.

5 ～ないことには ~하지 않으면

相談しないことには、はじまらない。

상담을 받지 않으면 어찌할 도리가 없다. (필요조건)

「동(ない형) + ことには」

- 「XないことにはYない」는 'X가 성립되지 않으면 Y가 성립되지 않는다'는 의미로, X는 Y가 성립되기 위한 필요조건이 된다.
- 「～なければ」「～なくては」로 대체할 수 있다.

1	先生が来ないことには、授業を始めることができない。	선생님께서 오시지 않으면 수업을 시작할 수 없다.
2	くわしく調査してみないことには、分からない。	자세히 조사해 보지 않으면 알 수 없다.
3	本人に聞いてみないことには、なんとも言えない。	당사자에게 들어보지 않고서는 아무말도 할 수 없다.

6 ～ことになる ~하게 되다

学校(がっこう)を辞(や)めることになる。

학교를 그만두게 되다. (결론·결과)

「명 + ということになる」「동(기본형/ない형) + (という)ことになる」

- 앞으로 할 행동과 관련하여 어떤 결정, 합의가 이루어졌음을 나타내는 표현이다.
- 「～ことにする」는 자발적인 행동의 결과인데 반해, 「～ことになる」는 비자발적인 행동의 결과로 자연스럽게 혹은 뜻밖에 그런 결과가 나왔다는 의미이다.

1	A：えっ、ひっこすの？ B：うん。大阪(おおさか)にひっこすことになったんだ。	A：어, 이사 가? B：응, 오사카로 이사가게 됐어.
2	A：えっ、先生(せんせい)になるの？ B：うん。4月(がつ)から大学(だいがく)で教(おし)えることになったんだ。	A：어, 선생님이 되는 거야? B：응, 4월부터 대학에서 가르치게 됐어.
3	A：えっ、結婚(けっこん)するの？ B：うん。6月(がつ)に式(しき)を挙(あ)げることになったんだ。	A：어, 결혼 하는 거야? B：응, 6월에 식을 올리게 됐어.

제3과 자청

제1강 무엇을 좀 도와드릴까요?

제2강 짐이 꽤 무거워 보이는데 내가 들어줄까?

제3과 자청

제1강 무엇을 좀 도와드릴까요?

佐藤(さとう)　何(なに)か手伝(てつだ)いましょうか？

渡辺(わたなべ)　じゃあコップとお皿(さら)を並(なら)べてくれる？

佐藤(さとう)　はい。分(わ)かりました。

渡辺(わたなべ)　さっき電話(でんわ)があったんだけど、
鈴木(すずき)さんは遅(おく)れるそうだから、
鈴木(すずき)さんぬきで先(さき)に始(はじ)めよう。

佐藤(さとう)　あっ、はい。

渡辺(わたなべ)　お好(この)み焼(や)きは、鈴木(すずき)さんが来(き)たら、また焼(や)けばいいから、
温(あたた)かいうちに、召(め)し上(あ)がれ。

佐藤(さとう)　わー、いただきまーす。

사토　무엇을 좀 도와드릴까요?

와타나베　그럼 컵과 접시를 상에 놓아줄래?

사토　네, 알겠습니다.

와타나베　아까 전화가 왔었는데 스즈키씨는 늦는다고 하니까
스즈키씨 없이 먼저 시작하자.

사토　아, 네.

와타나베　오코노미야키는 스즈키씨가 오면 또 부치면 되니까 따뜻할 때 먹어.

사토　와, 잘 먹겠습니다.

어휘 학습

단어	예문
手伝(てつだ)う	大(おお)そうじを手伝(てつだ)う。
(동)거들다, 돕다	대청소를 돕다.
並(なら)べる	机(つくえ)を並(なら)べる。
(동)늘어놓다, 나란히 하다, 진열하다	책상을 나란히 하다.
遅(おく)れる	出発(しゅっぱつ)する時間(じかん)が遅(おく)れる。
(동)늦다, 더디다	출발시간이 늦어지다.
始(はじ)める	テスト勉強(べんきょう)を始(はじ)める。
(동)시작하다	시험공부를 시작하다.
お好(この)み焼(や)き	お好(この)み焼(や)きにチーズを入(い)れる。
(명)오코노미야키 (일본식 부침개)	오코노미야키에 치즈를 넣다.
焼(や)く	フライパンで肉(にく)を焼(や)く。
(동)굽다, 부치다	프라이팬으로 고기를 굽다.
温(あたた)かい	温(あたた)かいご飯(はん)を食(た)べる。
(い형)따뜻하다	따뜻한 밥을 먹다.
召(め)し上(あ)がる	何(なに)を召(め)し上(あ)がりますか。
(동)드시다	무엇을 드시겠습니까?

문형해설 & 문형연습

1 ～ましょうか ~할까요?

何(なに)か手伝(てつだ)いましょうか。

무엇을 좀 도와드릴까요? (자청)

「동(연용형) + ましょうか」

- 화자가 청자를 위해 무엇인가를 하겠다고 자청할 때 사용하는 표현이다.
- 이에 대한 상대방의 대답은 의뢰표현이 된다.
- 상대가 아랫사람이거나 동등한 관계인 경우에는 「～ようか？」를 사용한다. (47쪽 참고)

1	A：電気(でんき)をつけましょうか。 B：ええ。お願(ねが)いします。	A：불을 켤까요? B：네, 부탁해요.
2	A：コピーしましょうか。 B：ええ。お願(ねが)いします。	A：복사 할까요? B：네, 부탁해요.
3	A：お茶(ちゃ)を入(い)れましょうか。 B：ええ。お願(ねが)いします。	A：차 좀 내 올까요? B：네, 부탁해요.

2 ～てくれる？ ~해줄래?

コップとお皿(さら)を並(なら)べてくれる？

컵과 접시를 상에 놓아줄래? (의뢰)

「동(て형) + くれる？」

- 화자 본인 혹은 화자 측 사람을 위해서 무엇인가를 의뢰할 때 사용하는 표현이다.
- 이 표현은 상대가 아랫사람이거나 동등한 관계인 경우에 사용한다.
- 「～てくれますか」보다 「～てくれませんか」가 더 정중한 표현이며, 「～てくれないか」는 주로 남성이 사용한다.
- 주의를 줄 때 사용하기도 한다.
  예) 静(しず)かにしてくれる？ (조용히 해줄래?)

1	A：ねえ、この本(ほん)貸(か)してくれる？ B：うん。いいよ。	A： 저기, 이 책 좀 빌려 줄래? B： 응, 그래.
2	A：ねえ、電話番号(でんわばんごう)教(おし)えてくれる？ B：うん。いいよ。	A： 저기, 전화번호 좀 알려 줄래? B： 응, 그래.
3	A：ねえ、ちょっと窓(まど)開(あ)けてくれる？ B：うん。いいよ。	A： 저기, 창문 좀 열어 줄래? B： 응, 그래.

3 ～そうだ ~한다고 한다

鈴木(すずき)さんは遅(おく)れるそうだ。

스즈키씨는 늦는다고 한다. (전문·간접화법)

「명/な형(보통형) + だそうだ」「い형/동(보통형) + そうだ」

- 화자가 직접 확인한 정보가 아니라 간접적으로 들은 내용을 전달할 때 사용한다.
- 부정형은 「～ないそうだ」이며, 과거형은 「～たそうだ」이다.
- 「～そうではない」와 「～そうだった」는 사용할 수 없다.

1	A：あれ、中島(なかじま)さんは？ B：後(あと)で来(く)るそうです。	A：어, 나카지마씨는? B：나중에 온대요.
2	A：あれ、山田(やまだ)さんは？ B：お休(やす)みだそうです。	A：어, 야마다씨는? B：오늘 휴가래요.
3	A：あれ、高橋(たかはし)さんは？ B：早退(そうたい)したそうです。	A：어, 다카하시씨는? B：조퇴했대요.

4 ～ぬきで ~없이/~빼고

鈴木(すずき)さんぬきで先(さき)に始(はじ)めよう。

스즈키씨 없이 먼저 시작하자. (제외)

「명 + ぬきで」

- '~없이' '~제외하고' '~빼고'라는 의미이다.
- 조사「～は」를 붙여서「～はぬきで(~는 빼고)」라고 쓸 수도 있다.

1	A：わさびはどうなさいますか。 B：わさびぬきでお願(ねが)いします。	A：고추냉이는 어떻게 하시겠어요? B：고추냉이는 넣지 말아주세요.
2	A：ホイップクリームはどうなさいますか。 B：ホイップクリームぬきでお願(ねが)いします。	A：휘핑크림은 어떻게 하시겠어요? B：휘핑크림은 빼주세요.
3	A：野菜(やさい)はどうなさいますか。 B：玉(たま)ねぎぬきでお願(ねが)いします。	A：야채는 어떻게 하시겠어요? B：양파는 빼주세요.

5 ～ばいい ~하면 된다

鈴木(すずき)さんが来(き)たら、また焼(や)けばいい。

스즈키씨가가 오면 또 부치면 된다. (제안)

「동(조건형) + いい」

- 상대에게 어떤 행동을 하도록 권유하거나 제안할 때 사용하는 표현이다.
- 주로 조언을 할 때 사용하지만, 조언을 구할 때 사용하기도 한다.
  예) どうすればいいですか。(어떻게 하면 될까요?)
- 문맥에 따라 화자가 대수롭지 않게 생각한다는 의미를 나타내기도 한다.
  예) 休(やす)みたいなら休(やす)めばいいよ。(쉬고 싶으면 쉬면 되지.)

1	A：どうしようかな。 B：迷(まよ)っているなら、買(か)えばいいじゃん。	A：어쩌지? B：고민되면 그냥 사면 되지.
2	A：物(もの)が増(ふ)えちゃって。 B：捨(す)てればいいじゃん。	A：짐이 늘어났네. B：버리면 되잖아.

3	A：メールが来(こ)ないの。 B：電話(でんわ)すればいいじゃん。	A：메일이 안 와. B：전화해보면 되잖아.

6 ～うちに ~할 때/~하는 동안에

温(あたた)かいうちに、召(め)し上(あ)がれ。

따뜻할 때 먹어. (시간)

「명＋のうちに」「な형어간＋なうちに」「い형(기본형/ない형)＋うちに」
「동(기본형/ない형)＋うちに」「동(て형)＋いるうちに」

- 일정 기간 지속되는 표현과 함께 쓰이며 '그 상태가 지속되는 동안에' '그 시간 이내에'라는 의미를 나타낸다.
- 「～ているうちに/～るうちに」는 '~를 하고 있는 동안에'라는 의미이며, 뒤에 새로운 일이 생기는 등의 변화를 나타내는 문장이 이어진다.
- 「～ているうちに」를 주로 사용하지만, 「～るうちに」를 사용할 때도 있다.
- 「～ないうちに」는 '~하지 않는 상태가 지속되는 동안에'라는 의미이며, 변화가 확실할 때에는 「동(기본형) ＋ まえに(~하기 전에)」로 바꾸어 사용할 수 있다.

1	A：いってきます。 B：いってらっしゃい。明(あか)るいうちに帰(かえ)っておいで。	A：다녀올게요. B：잘 다녀와. 해가 밝을 때 다녀와.
2	A：たこ焼(や)き買(か)って来(き)たよ。 B：ありがとう。冷(さ)めないうちに食(た)べよう。	A：다코야키 사왔어. B：고마워. 식기 전에 먹자.
3	A：ちょっと風邪(かぜ)をひいたみたい。 B：ひどくならないうちに、薬(くすり)を飲(の)んだ方(ほう)がいいよ。	A：감기 걸린 것 같아. B：심해지기 전에 약을 먹는 게 좋겠다.

제3과 자청

제2강 짐이 꽤 무거워 보이는데 내가 들어줄까?

清水(しみず)　あれ、阿部(あべ)さんじゃん。ずいぶん重(おも)そうな荷物(にもつ)だね。僕(ぼく)が持(も)とうか？

阿部(あべ)　ありがとう。

清水(しみず)　どこか行(い)ってきたの？

阿部(あべ)　うん。実家(じっか)から帰(かえ)ってきたところなんだけど、帰(かえ)りにいろいろ持(も)たされちゃったの。

清水(しみず)　まあ、親心(おやごころ)って、そういうもんだよね。

阿部(あべ)　まあね。でも、あまりの重(おも)さに手(て)がぬけるかと思(おも)ったよ。

시미즈　어, 아베씨네? 짐이 꽤 무거워 보이는데 내가 들어줄까?

아 베　고마워.

시미즈　어디 다녀온 거야?

아 베　응, 본가에서 막 돌아오는 길인데, 이것저것 챙겨주셔서 어쩔 수 없었어.

시미즈　부모님 마음이란 게 다 그런 거지.

아 베　그렇긴 해. 근데 너무 무거워서 팔이 떨어지는 줄 알았어.

어휘 학습

단어	예문
重い	体がだんだん重くなる。
(い형)무겁다	몸이 점점 무거워진다.
荷物	荷物を運ぶ。
(명)짐	짐을 옮기다.
どこか	どこか遠くに行きたい。
(부)어딘가	어딘가 먼 곳으로 떠나고 싶다.
実家	実家に帰る。
(명)본가, 친정	본가로 돌아가다.
親心	親心が感じられる。
(명)부모의 마음	부모님의 마음이 느껴지다.
抜ける	歯が抜ける。
(동)빠지다	이가 빠지다.

문형해설 & 문형연습

1 ～じゃん ~(하)네?

阿部(あべ)さんじゃん。

아베씨네? (발견)

「명/な형/い형/동(보통형) + じゃん」

- 예상하지 못했던 것을 알게 되었을 때의 놀라움을 표현하기 위해 사용한다.
- 비슷한 표현으로는 여성이 주로 사용하는「～じゃないの」「～じゃない」와 남성이 주로 사용하는「～じゃないか」가 있다.
- 「じゃん」은 상대방이 편한 상대일 경우에 남녀 불문하고 사용한다.
- 정중한 표현으로는「～じゃないですか」「～じゃありませんか」등이 있다.

1	A：この前(まえ)のテスト、百点(ひゃくてん)だったんだ。 B：すごいじゃん。	A：지난번 시험 100점 맞았어. B：대단하네.
2	A：新(あたら)しい車(くるま)買(か)ったんだ。 B：かっこいいじゃん。	A：새로 차 샀어. B：멋있네.
3	A：帽子(ぼうし)買(か)ったんだ。 B：似合(にあ)ってるじゃん。	A：모자 샀어. B：잘 어울리네.

2 ～ようか？ ~해줄까?

僕(ぼく)が持(も)とうか？

내가 들어줄까? (자청)

「동(의지형) + か？」

- 화자가 청자를 위해 무엇인가를 하겠다고 자청할 때 사용하는 표현이다.
- 이에 대한 상대방의 대답은 의뢰표현이 된다.
- 정중하게 말할 때는「～ましょうか」를 사용한다. (41쪽 참고)

	동사 기본형	동사 의지형
그룹1 동사	行く	行こう
	話す	話そう
그룹2 동사	見る	見よう
	食べる	食べよう
그룹3 동사	する	しよう
	来る	来よう

1	A：何か手伝おうか？ B：ありがとう。	A：뭘 좀 도와줄까? B：고마워.
2	A：窓、開けようか？ B：ありがとう。	A：창문 열까? B：고마워.
3	A：何か、作ろうか？ B：ありがとう。	A：뭐라도 만들어줄까? B：고마워.

3 ～ところだ 막~하다/방금~하다

実家から帰ってきたところだ。

본가에서 막 돌아오는 길이다. (직후)

「동(た형) + ところだ」

- 행동 혹은 변화가 일어난 '직후'임을 나타내는 표현이다.
- 「今(지금)」「さっき(아까)」「ちょっと前(조금 전)」와 같은 부사와 함께 사용한다.

1	A：家着いた？ B：うん。今着いたところだよ。	A：집에 도착했어? B：응, 지금 막 도착했어.
2	A：ファックス送った？ B：うん。今送ったところだよ。	A：팩스 보냈어? B：응, 방금 막 보냈어.
3	A：会議始まった？ B：うん。今始まったところだよ。	A：회의 시작했어? B：응, 방금 막 시작했어.

4 ～させられる 마지못해/억지로 ~하다

帰(かえ)りにいろいろ持(も)たされる。

돌아올 때 이것저것 챙겨받다. (사역수동)

「동(미연형) + される」「동(미연형) + させられる」

- 「XがYに～させる」라는 사역문을 「YがXに～させられる」라는 사역수동문으로 바꾼 것으로 'X에게 강요 당해서 Y가 마지못해 억지로 ~하다'는 의미가 내포되어 있다.
- 그룹1 동사의 경우에는 「行(い)かせられる」「読(よ)ませられる」보다 「行(い)かされる」「読(よ)まされる」를 많이 사용한다.

	동사 기본형	동사 사역형	동사 사역 수동형
그룹1 동사	行(い)く	行(い)かせる	行(い)かせられる○
		行(い)かす	行(い)かされる◎
	話(はな)す	話(はな)させる	話(はな)させられる
그룹2 동사	見(み)る	見(み)させる	見(み)させられる
	食(た)べる	食(た)べさせる	食(た)べさせられる
그룹3 동사	する	させる	させられる
	来(く)る	来(こ)させる	来(こ)させられる

1	酒(さけ)を飲(の)まされる。	마지못해 술을 마시다.
2	ピーマンを食(た)べさせられる。	억지로 피망을 먹다.
3	休(やす)みなのに、学校(がっこう)に来(こ)させられる。	쉬는 날인데도 강제로 학교에 나오다.

5 ～ものだ ~한 것이다

親心とは、そういうものだ。

부모 마음이란 다 그런 것이다. (본성·본질)

「な형/い형/동(기본형/ない형) + ものだ」「な형어간 + なものだ」

- 화자의 감정을 담아서 이치, 도리, 본질 등을 말할 때 사용하는 표현이다.
- 「本来(원래)」와 함께 사용하는 경우가 많다.
- 일반적인 경우를 설명하며 훈계할 때 사용하기도 한다.

1	人の心というのは、分からないものだ。	사람 마음이란 알 수 없는 것이다.
2	赤んぼうというのは、よく泣くものだ。	아기들은 잘 울기 마련이다.
3	人というのは、自分勝手なものだ。	사람이란 제멋대로인 존재이다.

6 あまりの～に/で 너무 ~해서

あまりの重さに手がぬけるかと思った。

너무 무거워서 팔이 떨어지는 줄 알았다. (정도)

「あまりの명 + に/で」

- 정도를 나타내는 명사와 함께 사용하며 '그 정도가 너무나 심하기 때문에'라는 의미를 지닌다.
- 뒤에 그로 인해 발생하는 결과를 나타내는 문장이 이어진다.

1	あまりの忙しさに、体をこわしてしまった。	너무 바빠서 건강을 해치고 말았다.
2	あまりの美しさに、見とれてしまった。	정말 아름다워서 넋 놓고 바라보았다.
3	あまりの痛さに、声も出なかった。	너무 아파서 소리도 못 냈다.

제4과 의뢰

제1강 보고서 작성방법 좀 알려주시겠어요?

제2강 시간 괜찮으면 좀 도와줄 수 없을까?

제4과 의뢰

제1강 보고서 작성방법 좀 알려주시겠어요?

小林　先輩、すみません。
　　　報告書の書き方を、教えていただけませんか。
渡辺　あ、報告書ならひな形があるから、
　　　メールで送ってあげるよ。
小林　ありがとうございます。送ってもらえると助かります。
渡辺　しめ切りに遅れないようにね。
小林　はい。今週中には、提出するつもりです。

고바야시　선배님, 죄송하지만 보고서 작성방법 좀 알려주시겠어요?
와타나베　아, 보고서라면 양식이 있으니까 메일로 보내줄게.
고바야시　감사합니다. 보내주시면 도움이 될 것 같아요.
와타나베　마감에 늦지 않도록 해.
고바야시　네, 이번 주 안에는 제출할 생각이에요.

어휘 학습

단어	예문
先輩(せんぱい)	先輩(せんぱい)にかわいがられる。
(명)선배	선배에게 예쁨을 받다.
報告書(ほうこくしょ)	報告書(ほうこくしょ)を作成(さくせい)する。
(명)보고서	보고서를 작성하다.
ひな形(がた)	ひな形(がた)をダウンロードする。
(명)양식, 서식	양식을 내려 받다.
助(たす)かる	手伝(てつだ)ってくれると本当(ほんとう)に助(たす)かる。
(동)도움이 되다, 편해지다, 구제되다	도와주면 정말 고맙겠다.
しめ切(き)り	しめ切(き)りがせまっている。
(명)마감, 마감날짜	마감이 임박하다.
提出(ていしゅつ)	課題(かだい)を提出(ていしゅつ)する。
(명)제출	과제를 제출하다.

문형해설 & 문형연습

1 ～ていただけませんか ~해주시겠어요?

書(か)き方(かた)を、教(おし)えていただけませんか。

작성방법 좀 알려주시겠어요? (의뢰)

「동(て형) + いただけませんか」

- 「いただく」의 가능형 「いただける」를 사용한 정중한 의뢰표현이다.
- 「いただけますか」보다 「いただけませんか」가 좀 더 정중한 표현이다.

1	A：すみません。 ペンを貸(か)していただけませんか。 B：ええ、いいですよ。	A：죄송하지만, 펜 좀 빌려 주시겠어요? B：네, 여기요.
2	A：すみません。 席(せき)をかわっていただけませんか。 B：ええ、いいですよ。	A：죄송하지만, 자리 좀 바꿔 주시겠어요? B：네, 그러시죠.
3	A：すみません。その資料(しりょう)、 送(おく)っていただけませんか。 B：ええ、いいですよ。	A：죄송하지만, 그 자료 좀 보내 주시겠어요? B：네, 그럴게요.

2 ～なら ~라면

報告書(ほうこくしょ)なら、ひな形(がた)がある。

보고서라면 양식이 있다. (주제)

「명 + なら」

- 상대방이 앞서 한 발언이나 질문에서 나온 단어를 화제로 삼아, 그와 관련된 이야기를 할 때 사용한다.
- 상황이나 상대방의 행동에서 유추할 수 있는 일을 화제로 삼을 때도 사용할 수 있다.
- 같은 의미의 구어체 표현으로는 「～だったら」가 있다.

1	A：あれ、めがねがない！ B：めがねなら、ここにあるよ。	A : 어? 안경이 없어! B : 안경이라면 여기에 있잖아.
2	A：ちょっとお酒が飲みたいな。 B：ワインならあるよ。	A : 술 좀 마시고 싶네. B : 와인이라면 있는데.
3	A：山田さん、見なかった？ B：山田さんなら、帰ったよ。	A : 야마다씨 못 봤어? B : 야마다씨라면 돌아갔는데.

3 ～てあげる ~해주다

メールで送ってあげる。

메일로 보내주다. (수수표현)

「동(て형) + あげる」

- 화자가 다른 사람을 위해서 어떤 행동을 할 때 사용한다.
- 그 행동의 수혜자가 청자일 경우, 청자는 아랫사람이거나 동등한 관계여야 한다.
- 이 표현은 화자가 생색을 내는 것처럼 들릴 수 있기 때문에 편한 상대가 아니면 사용하지 않는 것이 좋다.
- 구어체에서는「話してあげる→話したげる」「読んであげる→読んだげる」처럼「～たげる」형태로 사용하기도 한다.

1	A：鈴木さんの電話番号、知ってる？ B：うん。あとで教えてあげるよ。	A : 스즈키씨 전화번호 알아? B : 응, 나중에 알려줄게.
2	A：ケーキ、作れるの？ B：うん。今度、作ってあげるよ。	A : 케이크 만들 줄 알아? B : 응, 다음에 만들어 줄게.
3	A：この映画のDVD、持ってる？ B：うん。今度、貸してあげるよ。	A : 이 영화 DVD 가지고 있어? B : 응, 다음에 빌려줄게.

4 ～てもらえるとたすかる ~해주면 도움이 되다

送(おく)ってもらえると助(たす)かる。

보내주면 도움이 되다. (의뢰)

「동(て형) + もらえるとたすかる」

- 「～てもらえると」뒤에「ありがたい(고맙다)」「うれしい(기쁘다)」「助(たす)かる(도움이 되다)」등이 오는 정중한 의뢰표현이다.
- 「～てもらえるとありがたいんだけど(~해주면 고맙긴 한데)」와 같이 문장 끝에「けど」혹은「が」가 올 때도 많다.

1	A：引(ひ)っ越(こ)し手伝(てつだ)おうか？ B：いいんですか？ 手伝(てつだ)ってもらえると助(たす)かります。	A：이사 하는 거 도와줄까? B：괜찮으시겠어요? 도와주시면 감사하죠.
2	A：この本(ほん)、貸(か)そうか？ B：いいんですか？ 貸(か)してもらえると助(たす)かります。	A：이 책 빌려줄까? B：그래도 될까요? 빌려주시면 도움이 되죠.
3	A：これ、私(わたし)がやろうか？ B：いいんですか？ やってもらえると助(たす)かります。	A：이거 내가 할까? B：괜찮으시겠어요? 해주시면 도움이 되죠.

5 ～よう(に)/～ないよう(に) ~하도록/~하지 않도록

しめ切(き)りに遅(おく)れないように。

마감에 늦지 않도록 해. (충고·권고)

「동(기본형/ない형) + よう(に)」

- 청자에게 충고 또는 권고를 할 때 사용하는 표현이다.
- 뒤에「しなさい/してください」「お願(ねが)いします」와 같은 동사가 올 때도 있지만, 뒤에 오는 문장이 생략되어「ように」로 끝낼 수도 있다.

1	A：授業中(じゅぎょうちゅう)はおしゃべりをしないように。 B：はい、分(わ)かりました。	A：수업 중에는 잡담을 삼가 주세요. B：네, 알겠습니다.
2	A：知(し)らない人(ひと)について行(い)かないように。 B：はい、分(わ)かりました。	A：모르는 사람을 따라가지 마세요. B：네, 알겠습니다.
3	A：携帯電話(けいたいでんわ)の電源(でんげん)は切(き)るように。 B：はい、分(わ)かりました。	A：휴대전화 전원은 꺼주세요. B：네, 알겠습니다.

6 ～つもりだ/～ないつもりだ ~할 생각이다/~하지 않을 생각이다

今週中(こんしゅうちゅう)には提出(ていしゅつ)するつもりだ。

이번 주 안에는 제출할 생각이다. (의지·의도)

「동(기본형/ない형) + つもりだ」

- 「～つもりだ」는 의지, 의도를 나타낼 때 사용하여 '~할 생각이다' '~할 작정이다'라는 의미이다.
- 「～ないつもりだ」는 어떤 행동을 하지 않겠다는 의사 표현이다.
- 동사를 생략할 때는 동사 자리에 「その」를 사용하여 「そのつもりです(그렇게 할 생각입니다)」라고 해야 한다.

1	A：会社(かいしゃ)を辞(や)めてどうするの？ B：イギリスに留学(りゅうがく)するつもりなんだ。	A：회사 그만 두고 어떻게 하려고? B：영국으로 유학 갈 생각이야.
2	A：夏休(なつやす)みはどこに行(い)くの？ B：中国(ちゅうごく)に行(い)くつもりなんだ。	A：여름 휴가는 어디로 가? B：중국에 갈 생각이야.
3	A：佐藤君(さとうくん)にいつ告白(こくはく)するの？ B：バレンタインデーに告白(こくはく)するつもりなんだ。	A：사토씨한테 언제 고백할거야? B：발렌타인 데이에 고백할 생각이야.

제4과 의뢰

제2강 시간 괜찮으면 좀 도와줄 수 없을까?

佐藤　友達が映画を撮ることになったんだけど、
撮影を手伝ってくれる人がいなくて困っているらしいんだ。

上田　へえ。そうなんだ。

佐藤　上田さん、時間があったら、ちょっと手伝ってもらえない？

上田　うーん。手伝えないことはないんだけど、
明日からイギリスに撮影に行くことになっているんだ。

佐藤　えっ、そうなの？じゃあ、無理そうだね。

上田　でも、イギリスから、帰って来たら連絡するようにするよ。

사　토	친구가 영화를 만들게 되었는데, 촬영을 도와줄 사람이 없어서 곤란한가 봐.
우에다	저런, 그렇구나.
사　토	우에다씨, 시간 괜찮으면 좀 도와줄 수 없을까?
우에다	음, 도와줄 수 없는 건 아닌데 내일부터 촬영하러 영국에 가기로 되어있어.
사　토	앗, 그래? 그럼 어렵겠네.
우에다	응, 그래도 영국에서 돌아오면 연락하도록 할게.

어휘 학습

단어	예문
撮影	スマホのカメラで撮影する。
(명)촬영	스마트폰 카메라로 촬영하다.
困る	人手が足りなくて困っている。
(동)곤란하다, 어려움을 겪다, 난처하다.	일손이 모자라서 어려움을 겪고 있다.
イギリス	イギリスに留学する。
(명)영국	영국으로 유학가다.
帰って来る	故郷に帰って来る。
(동)돌아오다	고향으로 돌아오다.
連絡	急に連絡が来る。
(명)연락	갑작스럽게 연락이 왔다.

문형해설 & 문형연습

1 ～てくれる ~해주다

撮影(さつえい)を手伝(てつだ)ってくれる。

촬영을 도와주다. (수수표현)

「동(て형) + くれる」

- 화자 또는 화자 측 사람을 위해서 누군가가 어떤 행동을 해주는 것을 나타내는 표현으로, 주로 행위를 하는 사람이 자청해서 행동할 때 사용한다.
- 「～てくれる」를 사용하지 않으면 '화자를 위한 행동'이라는 어감이 전달되지 않는다.
- 화자의 부탁으로 그 행동을 하게 되었을 때는 「～てもらう」를 사용한다. (97쪽 참고)

1	A：友達(ともだち)が、空港(くうこう)にむかえに来(き)てくれるんだ。 B：いいね。	A：친구가 공항에 마중 나와 주기로 했어. B：잘됐네.
2	A：友達(ともだち)が、写真(しゃしん)を撮(と)ってくれるんだ。 B：いいね。	A：친구가 사진을 찍어 주기로 했어. B：잘됐네.
3	A：友達(ともだち)が、誕生(たんじょう)パーティをしてくれるんだ。 B：いいね。	A：친구가 생일파티를 해 주기로 했어. B：좋겠네.

2 ～らしい ~한가 보다

手伝(てつだ)ってくれる人(ひと)がいなくて困(こま)っているらしい。

도와줄 사람이 없어서 곤란한가 봐. (추측)

「명/な형/い형/동 + らしい」「な형어간 + らしい」

- 문장 끝에 붙여 화자가 그 내용에 대해서 상당히 확신하고 있음을 나타낸다.
- 판단의 근거가 화자가 들은 정보 혹은 직접 겪은 상황이기 때문에 객관적이라고 할 수 있다.
- 비슷한 표현으로는 「～みたいだ」가 있지만, 이는 화자의 경험을 바탕으로 추측할 때 사용한다. (27쪽 참고)

1	A：明日(あした)、晴(は)れるかな？ B：明日(あした)は雨(あめ)が降(ふ)るらしいよ。	A： 내일 화창할까? B： 내일은 비가 오나 봐.
2	A：橋本(はしもと)さん、今日(きょう)来(く)るかな？ B：橋本(はしもと)さん、今日(きょう)は来(こ)ないらしいよ。	A： 하시모토씨 오늘 오려나? B： 하시모토씨 오늘은 안 오나 봐.
3	A：この映画(えいが)、おもしろいのかな？ B：うん。おもしろいらしいよ。	A： 이 영화 재미 있을까? B： 응, 재미 있나 봐.

3 ～てもらえない？ ~해줄 수 없을까?

ちょっと手伝(てつだ)ってもらえない？

좀 도와줄 수 없을까? (의뢰)

「동(て형) + もらえない？」

- 「もらう」의 가능형을 사용해 화자 또는 화자 측 사람을 위해 어떤 행동을 해달라고 의뢰할 때 사용한다.
- 비슷한 표현으로는 「～てもらえる？」가 있으며, 「～てもらえるか」「～てもらえないか」도 비슷한 표현이지만 남성이 주로 사용하는 표현이다.
- 더 정중하게 의뢰하고 싶을 경우에는 「～てもらえませんか」「～ていただけませんか」「～てもらえないでしょうか」「～ていただけないでしょうか」 등을 사용한다.
- 의뢰할 때 사용하는 표현이지만, 주의를 주는 경우에도 사용할 수 있다.
  예) 静(しず)かにしてもらえない？(조용히 해줄래?)

1	A：明日(あした)の朝(あさ)、起(お)こしてもらえない？ B：うん。いいよ。	A：내일 아침에 깨워 줄 수 없을까? B：그래, 알았어.
2	A：携帯電話(けいたいでんわ)、貸(か)してもらえない？ B：うん。いいよ。	A：휴대전화 좀 빌려 줄 수 없을까? B：그래, 알았어.
3	A：その窓(まど)、閉(し)めてもらえない？ B：うん。いいよ。	A：창 문 좀 닫아 줄 수 없을까? B：그래, 알았어.

4 ～ないことはない ~할 수 없는 것은 아니다

手伝(てつだ)えないことはない。

도와줄 수 없는 것은 아니다. (부분부정)

「동(ない형) + ことはない」

- 상대방이 앞서 한 말을 전체적으로 부정하거나 단정짓고 싶지 않은 경우에 사용한다.

1	A：これにしたら？ B：うーん。買(か)えないことはないんだけど、 ちょっと高(たか)いんだよね。	A：이걸로 하는 게 어때? B：글쎄, 살 수 없는 건 아닌데 좀 비싸네.
2	A：明日(あした)来(こ)れる？ B：うーん。行(い)けないことはないんだけど、 ちょっと遠(とお)いんだよね。	A：내일 올 수 있어? B：글쎄, 못 갈 건 없는데 좀 머네.
3	A：できそう？ B：うーん。できないことはないんだけど、 ちょっと難(むずか)しいんだよね。	A：할 수 있을 것 같아? B：글쎄, 할 수 없는 건 아닌데 좀 어렵네.

5 ～ことになっている ~하기로 되어있다

撮影(さつえい)に行(い)くことになっている。

촬영하러 가기로 되어있다. (습관·규칙·예정)

「명 + ということになっている」「동(기본형/ない형) + (という)ことになっている」

- 약속, 규칙, 관례, 법률 등이 현재까지 유효하다는 것을 나타내는 표현이다.

1	A：誰(だれ)が空港(くうこう)にむかえに行(い)くんですか。 B：長谷川(はせがわ)さんがむかえに行(い)くことになっています。	A：누가 공항으로 마중 나가나요? B：하세가와씨가 마중 나가기로 되어있어요.
2	A：金子(かねこ)さんは、いつ来(く)るんですか。 B：来月(らいげつ)、来(く)ることになっています。	A：가네코씨는 언제 오나요? B：다음달에 오기로 되어 있어요.
3	A：山下(やました)さんとは、どこで会(あ)う予定(よてい)なんですか。 B：渋谷駅(しぶやえき)で会(あ)うことになっています。	A：야마시타씨와는 어디서 만날 예정인가요? B：시부야 역에서 만나기로 되어있어요.

6 ～ようにする/～ないようにする ~하도록 하다/~하지 않도록 하다

帰って来たら連絡するようにするよ。

돌아오면 연락하도록 할게. (노력·유의)

「동(기본형/ない형) + ようにする」

- 「～るようにする」는 어떤 상황을 만들기 위해 '노력하다/주의를 기울이다'라는 의미이다.
- 「～ないようにする」는 어떤 상황이 벌어지지 않도록 한다는 의미이다.
- 「～ようにしている」는 어떤 행동을 습관적으로 하고 있다는 의미이다.

예) 「週に一回は運動をするようにしている(일주일에 한번은 운동을 하려고 (노력)하다)」

1	A：もう遅刻しないでね。 B：ごめん。 今度からは遅刻しないようにするよ。	A：더 이상 지각 하지마. B：미안해. 다음부터는 지각하지 않도록 할게.
2	A：遅れるなら、電話してよ。 B：ごめん。 今度からは電話するようにするよ。	A：늦을 거면 전화를 해. B：미안해. 다음부터는 전화하도록 할게.
3	A：小林さんには秘密だって言ったよね。 B：ごめん。 今度からは気をつけるようにするよ。	A：고바야시씨한테는 비밀이라고 했잖아. B：미안해. 앞으로는 조심하도록 할게.

제5과 허락요청

제1강 시간 좀 내주실 수 있을까요?

제2강 문구점에 들렀다 가도 될까?

제5과 허락요청

제1강 시간 좀 내주실 수 있을까요?

小林　ちょっとお時間いただいてもよろしいですか。

渡辺　うん。どうしたの？

小林　鈴木さんの送別会のことで、ちょっと相談があるんですが。

渡辺　あ、送別会ね。

小林　どんなプレゼントを贈ったらいいか考えているんですが、
いいアイディアが思い浮かばないんです。

渡辺　何をプレゼントするにしろ、贈るからには、
気に入ってもらえるものがいいよね。
お酒とか、ボールペンとかはどうかな？

小林　あ、いいですね。

渡辺　もし一人で決められないようなら、
一緒に選んであげるよ。

小林　えっ、いいんですか？

고바야시　시간 좀 내주실 수 있을까요?

와타나베　응, 무슨 일이야?

고바야시　스즈키씨 송별회에 관해서 상의 드릴 게 있는데요.

와타나베　아, 송별회.

고바야시　어떤 선물을 해야 할지 고민하고 있는데 좋은 아이디어가 떠오르지 않아서요.

와타나베　무엇을 선물하든 이왕에 선물할 거면 받는 사람이 마음에 들만 한 것이 좋겠네.
술이나 볼펜 같은 것은 어떨까?

고바야시	아, 괜찮네요.
와타나베	혹시 혼자 결정 못할 것 같으면 같이 골라줄게
고바야시	어, 그래 주시겠어요?

어휘 학습

단어	예문
よろしい	電話をお借りしてもよろしいですか。
(い형)좋다, 괜찮다	전화를 빌려써도 괜찮을까요?
送別会	ささやかな送別会を開く。
(명)송별회	조촐한 송별회를 열다.
プレゼント	誕生日にプレゼントをあげる。
(명)선물	생일에 선물을 주다.
贈る	入学祝いにうで時計を贈る。
(동)선물하다	입학축하 선물로 손목시계를 선물하다.
思い浮かぶ	いい考えが思い浮かんだ。
(동)머리에 떠오르다, 생각나다	좋은 생각이 떠올랐다.
気に入る	彼女が気にいるかどうか分からない。
마음에 들다	그녀가 마음에 들어 할지 모르겠다.
もし	もし彼が来たら、私に教えて下さい。
(부)만약, 혹시, 만일	혹시 그가 오면 나에게 알려주세요.
選ぶ	この中から一つだけ選ぶ。
(동)고르다, 선택하다, 뽑다	이 중에서 하나만 고르다.

문형해설 & 문형연습

1 ～てもよろしいですか ~해도 될까요?

ちょっとお時間いただいてもよろしいですか。

시간 좀 내주실 수 있을까요? (허락요청)

「동(て형) + もよろしいですか」

- 「よい」의 격식 차린 말씨인 「よろしい」를 사용하여 매우 정중하게 허락을 구할 때 사용하는 표현이다.
- 윗사람에게 사용하며 경어와 함께 사용하는 경우가 많다.
- 「～てもよろしいですか」는 「～てもいいですか」 보다 더 정중한 표현이고, 「～てもよろしいでしょうか」는 「～てもよろしいですか」 보다 더 정중한 표현이다.

1	A：先生、これ見せていただいてもよろしいですか。 B：ええ、どうぞ。	A：선생님, 이것 좀 봐도 괜찮을까요? B：네, 그러세요.
2	A：明日午後二時頃にうかがってもよろしいですか。 B：ええ、どうぞ。	A：내일 오후 2시쯤에 찾아 뵈어도 될까요? B：네, 그러세요.
3	A：トイレ、使わせていただいてもよろしいですか。 B：ええ、どうぞ。	A：화장실 좀 사용해도 될까요? B：네, 그러세요.

2 ～のことで ~에 관해서

送別会のことで、相談があるんです。

송별회에 관해서 상의 드릴 게 있는데요. (이유·사정)

「명 + のことで」

- 「質問する(질문하다)」「相談する(상담하다)」「話す(말하다)」와 같이 말과 관련된 동작동사와 함께 말하는 대상에 이어 쓴다.
- 이유와 사정을 언급하면서 말을 꺼낼 때 사용한다.

1	A：レポートのことで、質問があるんですが。 B：ええ、何ですか。	A：리포트에 관해서 질문이 있는데요. B：네, 무엇인가요?
2	A：企画書のことで、 相談したいことがあるんですが。 B：ええ、何ですか。	A：기획서에 관해서 의논하고 싶은 게 있는데요. B：네, 무엇인가요?
3	A：仕事のことで、聞きたいことがあるんですが。 B：ええ、何ですか。	A：업무에 관해서 궁금한 게 있는데요. B：네, 무엇인가요?

3 ～から(に)は (이왕에) ~한 거면/~할 거면

贈るからには、気に入ってもらえるものがいいよね。

이왕에 선물할 거면 마음에 들만 한 것이 좋겠네. (원인·이유)

「동(기본형/た형) + から(に)は」

- '이미 정해진 사실로서 그렇게 된 바에'라는 의미이다.
- 뒤에 '끝까지 해내다'는 의미의 표현이 이어지는 경우가 많다.
- 의뢰나 명령을 하거나, 의지나 타당성을 표현하고 싶을 때 사용한다.

1	A：ああ、約束したけど行きたくないな。 B：でも約束したからには、行くべきだよ。	A：아, 약속을 했는데 가고 싶지가 않네. B：그래도 이왕에 약속한 거면 가야지.
2	A：もう、この仕事やめようかな。 B：引き受けたからには、最後までやりなよ。	A：그냥 이 일 그만 둘까? B：이왕에 맡은 거면 끝까지 하도록 해.
3	A：私達にできるかな？ B：やると決めたからには、成功させよう。	A：우리가 할 수 있을까? B：이왕에 하겠다고 결심한 거면 성공시키자.

4 ～んですが ~데요

ちょっと相談(そうだん)があるんですが。

상의 드릴 게 있는데요. (완화표현)

「명/な형/い형/동(보통형) + んですが」「명/な형어간 + なんですが」

- 말 꺼내기 어렵거나 부탁하기 곤란할 때 문장 끝에 붙여서 표현을 완화시킨다.

1	すみません。ちょっと話(はなし)があるんですが。	죄송하지만 좀 드릴 말씀이 있는데요.
2	すみません。ちょっとお願(ねが)いがあるんですが。	죄송하지만 좀 부탁이 있는데요.
3	すみません。ちょっと質問(しつもん)があるんですが。	죄송하지만 좀 질문이 있는데요.

5 ～にしろ ~하든

何(なに)をプレゼントするにしろ、気(き)に入(い)ってもらえるものがいいよね。

무엇을 선물하든 마음에 들만 한 것이 좋겠네. (예외 없음)

「의문사 + にしろ」

- 「いずれ(어느 쪽)」「だれ(누구)」「なに(무엇)」과 같은 의문사와 함께 '어떤 경우라도' 또는 '누구라도'라는 의미로 사용한다.
- 비슷한 표현으로는 「～にせよ」가 있다.
- 「～にしろ」「～にせよ」는 딱딱한 표현으로 일상적인 대화에서는 잘 사용하지 않으며, 일상적인 대화에서 사용하는 구어체로는 「～にしても」가 있다.

1	誰(だれ)がやったにしろ、 犯人(はんにん)は見(み)つけなければならない。	누가 했든 범인은 찾아내야 한다.
2	何(なに)をするにしろ、 計画(けいかく)を立(た)ててから行動(こうどう)した方(ほう)がいい。	무엇을 하든 계획을 세운 후에 행동하는 것이 좋다.
3	どれにするにしろ、 みんなで相談(そうだん)してから決(き)めよう。	어느 것으로 하든 다 같이 의논한 다음에 결정하자.

6 ～ようなら ~할 것 같으면

一人で決められないようなら、一緒に選んであげるよ。

혼자 결정하지 못할 것 같으면 같이 골라줄게. (조건)

「명/な형/い형/동(보통형) + ようなら」「명 + のようなら」「な형어간 + なようなら」

- 「ようだ」의 조건을 나타내는 문형으로 '만약 그런 경우라면' 이라는 의미로 사용한다.
- 비슷한 표현으로는「～ようだったら」「～ようであれば」가 있으며,「～ようであれば」는 문어체 표현이다.

1	A：薬を飲んでも良くならないようなら、病院に行っておいで。 B：はい、分かりました。	A：약을 먹어도 잘 안 낫는 것 같으면 병원에 다녀와. B：네, 알겠어요.
2	A：会社から連絡がないようなら、一度連絡をしてみるのはどうですか。 B：はい、分かりました。	A：회사로부터 연락이 안 올 것 같으면 한 번 연락해 보는 건 어때요? B：네, 알겠어요.
3	A：明日来られるようなら、連絡を下さい。 B：はい、分かりました。	A：내일 올 수 있을 것 같으면 연락 주세요. B：네, 알겠어요.

제5과 허락요청

제2강 문구점에 들렀다 가도 될까?

阿部　文房具屋さんに寄って行ってもいい？

清水　うん、いいよ。何買うの？

阿部　消せるボールペンの替え芯を買いたいの。

清水　そのボールペンって、ちょっと高いんじゃないの？

阿部　高いといっても、言うほど高くないよ。
普通のボールペンにくらべてちょっと高いぐらいだよ。
清水君も買えば？

清水　うーん。でもこのボールペン、本当に消えやすいって
聞いたから、やっぱり買うのはやめておくよ。

아 베　문구점에 들렀다 가도 될까?

시미즈　괜찮아. 근데 뭘 살려고?

아 베　지워지는 볼펜 리필심을 사고 싶어서.

시미즈　그 볼펜 좀 비싸지 않아?

아 베　비싸다고 해도 그렇게 비싸지는 않아.
일반적인 볼펜에 비해서 약간 더 비싼 정도야.
시미즈씨도 한번 사서 써봐.

시미즈　글쎄, 난 이 볼펜 너무 잘 지워진다고 들어서 아무래도 사는 거 관둘래.

어휘 학습

단어	예문
文房具(ぶんぼうぐ)	文房具屋(ぶんぼうぐや)でノートを買(か)う。
(명)문구	문구점에서 노트를 사다.
寄(よ)る	帰(かえ)りに寄(よ)る。
(동)들르다	귀갓길에 들르다.
消(け)す	録音(ろくおん)を消(け)す。
(동)지우다, 없애다, 끄다	녹음을 지우다.
替(か)え芯(しん)	替(か)え芯(しん)を探(さが)す。
(명)샤프 펜슬·볼펜 등의 교체용 심, 리필심	리필심을 찾다.
普通(ふつう)	普通郵便(ふつうゆうびん)
(명/な형/부)보통	보통 우편
消(き)える	字(じ)が消(き)えて読(よ)めない。
(동)지워지다, 사라지다, 없어지다, 꺼지다	글씨가 지워져서 읽을 수가 없다.
やっぱり	やっぱり彼(かれ)の話(はなし)は、本当(ほんとう)だった。
(부)역시, 예상한 대로, 여전히	역시 그의 이야기는 정말이었다.

문형해설 & 문형연습

1 ～てもいい？ ~해도 될까?

文房具屋(ぶんぼうぐや)さんに寄(よ)って行(い)ってもいい？

문방구에 들렀다 가도 될까? (허락요청)

「동(て형) + もいい？」

- 「～てもいい？」는 허락을 구할 때 사용하고, 「～てもいい」는 허락할 때 사용한다.

1	A：この服(ふく)、着(き)てみてもいい？ B：うん。いいよ。	A：이 옷 입어봐도 될까? B：그래 입어봐.
2	A：ここに座(すわ)ってもいい？ B：うん。いいよ。	A：여기 앉아도 될까? B：그래 앉아.
3	A：これ食(た)べてもいい？ B：うん。いいよ。	A：이거 먹어도 될까? B：그래 먹어.

2 ～といっても ~라고 해도

高(たか)いといっても、言(い)うほど高(たか)くないよ。

비싸다고 해도 그 정도로 비싸지는 않아. (대립)

「명/な형/い형/동(보통형) + といっても」

- 앞서 언급한 것에 관해 실제로 그 만큼 정도가 심하거나 대단한 것은 아니라고 덧붙여 말할 때 사용한다.

1	A：料理(りょうり)できるんだ。すごいね。 B：料理(りょうり)ができるといっても、 目玉焼(めだまや)きぐらいしかできないよ。	A：요리 할 줄 아는구나. 대단한데? B：요리할 줄 안다고 해도 계란 프라이 정도 밖에 못해.
2	A：フランス語(ご)できるんだ。すごいね。 B：できるといっても、 日常会話程度(にちじょうかいわていど)しかできないよ。	A：프랑스어 할 줄 아는구나. 대단한데? B：할 줄 안다고 해도 일상회화 정도 밖에 못해.

3	A：へえ、その子(こ)、そんなにかわいいんだ。 B：かわいいといっても、アイドルほどではないよ。	A：그래? 그 친구 그렇게 귀엽구나. B：귀엽다고 해도 아이돌 만큼은 아니야.

3 ～ほど～ない ~정도로 ~하지 않다

言(い)うほど高(たか)くないよ。

그 정도로 비싸지는 않아. (비교)

「명 + ほど~ない」「동(기본형/た형) + ほど~ない」

- 「XはYほど～ない」는 Y를 기준으로 'X는 Y보다 ~않다'는 의미이다.
- 「XはYより～ない」는 단순 비교를 하는 문형인 반면, 「XはYほど～ない」는 'X도 Y도 ~지만 두 개를 비교해서 말하자면'이라는 의미를 내포하고 있다.
- 「XはYほど大きくない(X는 Y만큼 크지 않다)」는 「XはYより小さい(X는 Y보다 작다)」와 같은 의미이다.

1	A：今年(ことし)も暑(あつ)くなるのかな？ B：今年(ことし)は、去年(きょねん)ほど暑(あつ)くないってよ。	A：올해도 더우려나? B：작년만큼 덥지는 않대.
2	A：試験(しけん)どうだった？ B：思(おも)っていたほど難(むずか)しくなかったよ。	A：시험 어땠어? B：생각한 것만큼 어렵지는 않았어.
3	A：おいしかった？ B：みんなが言(い)うほどおいしくなかったよ。	A：맛있었어? B：사람들이 이야기하는 것만큼 맛있지는 않았어.

4 ～にくらべて ~에 비해서

普通のボールペンにくらべてちょっと高い。

일반적인 볼펜에 비해서 약간 비싸다. (비교)

「명 + (の)にくらべて」「な형어간 + なのにくらべて」

「명/な형/い형/동(보통형) + のにくらべて」

- 「XにくらべてYは」는 X와 비교해서 Y에 대해 말하고자 할 때 사용한다.
- 「XにくらべるとYは(X에 비교하면 Y는)」「XよりYは(X보다 Y는)」로 바꿔 사용할 수 있다.

1	A：今年の冬は寒いね。 B：そうかな？去年にくらべてあたたかいけど。	A：올 겨울은 춥다. B：글쎄, 작년에 비하면 따뜻한데.
2	A：テスト難しかったね。 B：そうかな？この前のテストにくらべて簡単だったけど。	A：시험 어려웠지? B：글쎄, 지난 번 시험에 비하면 쉬웠는데.
3	A：この歌手、歌が下手だよね。 B：そうかな？昔にくらべて上手になったと思うけど。	A：이 가수 노래 못하지 않아? B：글쎄, 옛날에 비하면 많이 나아진 것 같은데.

5 ～やすい ~하기 쉽다

このボールペンは消えやすい。

이 볼펜은 잘 지워진다. (용이)

「동(연용형) + やすい」

- 동사 연용형에 연결되어 い형용사처럼 활용된다.
- 그 동작을 쉽게 할 수 있다거나, 그 동작이 쉽게 이루어진다는 의미이다.
- 「～やすい」의 반대말은 「～にくい」로 '~하기 어렵다'는 의미이다.

1	このグラスは割れやすい。	이 유리잔은 깨지기 쉽다.
2	山の天気は変わりやすい。	산 속 날씨는 변하기 쉽다.
3	このまちは住みやすい。	이 동네는 살기 좋다.

6 ～ておく ~해두다

やっぱり買(か)うのは、やめておく。

아무래도 사는 거 관둘래. (상태유지·준비)

「동(て형) + おく」

- 어떤 행동을 하고 그 결과로 만들어진 상태를 계속 유지한다는 의미이다.
- 문맥에 따라 일시적으로 조치를 취하거나, 사전에 준비를 한다는 의미로 사용할 수 있다.
- 구어체로 「～とく」라고 말할 때도 있다.

1	A：鈴木(すずき)さんとご飯(はん)でも食(た)べに行こうよ。 B：じゃあ、鈴木(すずき)さんに電話(でんわ)しておくよ。	A : 스즈키씨랑 밥이라도 먹으러 가자. B : 그럼, 스즈키씨한테 전화해둘게.
2	A：あ、トイレットペーパーがない！ B：じゃあ、買(か)っておくよ。	A : 아! 화장지가 다 떨어졌네. B : 그럼, 사다 놓을게.
3	A：まだコピーができてないんだ。 B：じゃあ、コピーしておくよ。	A : 아직 복사를 못했어. B : 그럼, 복사 해놓을게.

제6과 지시·명령

제1강 확인을 한 후에 상품을 진열해주세요

제2강 함께 자료 준비를 시작해 줘

제6과 지시·명령

제1강 확인을 한 후에 상품을 진열해주세요

マネージャー　清水さん、値引きシールをはる時は、
気を付けるように言いましたよね。

清水　はい。

マネージャー　今回は店に出す前に気付いたから良かったものの、
気付くのが遅かったら、
大変なことになっていたかもしれません。

清水　すみません。

マネージャー　どんなに忙しくても、
確認をしてから商品を並べるようにして下さい。

清水　はい。分かりました。

マネージャー　この店で働く以上は、責任を持って仕事をして下さいね。

清水　はい。今度からは気を付けます。

매니저　시미즈씨, 가격인하 스티커를 붙일 때는 조심하라고 했었죠?

시미즈　네.

매니저　오늘은 가게에 진열하기 전에 알아차렸으니 다행이지
뒤늦게 알아차렸으면 큰일 났을 지도 몰라요.

시미즈　죄송합니다.

매니저　아무리 바빠도 확인을 한 후에 상품을 진열해주세요.

시미즈　네, 알겠습니다.

매니저	이 가게에서 일하는 이상은 책임감을 가지고 일해주세요.
시미즈	네, 앞으로는 주의하겠습니다.

어휘 학습

단어	예문
マネージャー	ホテルのマネージャー
(명)지배인, 관리인, 매니저	호텔 지배인
値引(ねび)き	百円(ひゃくえん)値引(ねび)きする。
(명)값을 깎음, 깎아 줌	100엔을 깎아 주다.
シール	シールを集(あつ)める。
(명)실(seal), 스티커	스티커를 모으다.
はる	封筒(ふうとう)に切手(きって)をはる。
(동)붙이다	봉투에 우표를 붙이다.
気付(きづ)く	自分(じぶん)のあやまりに気付(きづ)く。
(동)깨닫다, 눈치 채다, 알아차리다	자기의 잘못을 깨닫다.
大変(たいへん)なことになる	大変(たいへん)なことになるかもしれない。
큰일이 나다	큰일 날지도 모른다.
確認(かくにん)	人数(にんずう)を確認(かくにん)する。
(명)확인	인원수를 확인하다.
商品(しょうひん)	人気商品(にんきしょうひん)
(명)상품	인기상품
働(はたら)く	よく働(はたら)く。
(동)일하다, 작용하다	열심히 일하다.
責任(せきにん)	責任(せきにん)を果(は)たす。
(명)책임	책임을 다하다.
持(も)つ	自信(じしん)を持(も)つ。
(동)가지다	자신을 가지다.

문형해설 & 문형연습

1 ~ようにいう/つたえる/たのむ ~하라고 말하다/전달하다/부탁하다

気を付けるようにう。

조심하라고 말하다. (인용)

「동(기본형/ない형) + よう(に)いう/つたえる/たのむ」

- 뒤에「言う(말하다)」「伝える(전달하다)」「頼む(부탁하다)」와 같은 동사를 사용해 요구할 내용을 간접적으로 인용할 때 사용하는 표현이다.

1	家に帰るように言う。	집으로 돌아가라고 말하다.
2	電話するように伝える。	전화하라고 전하다.
3	かさを持って来てくれるように頼む。	우산을 가져와 달라고 부탁하다.

2 ~からよかったものの ~했으니 다행이지만

出す前に気付いたから良かったものの、気付くのが遅かったら、大変なことになっていたかもしれません。

진열하기 전에 알아차렸으니 다행이지 뒤늦게 알아차렸으면 큰일 났을 지도 몰라요. (비난)

「명/な형어간 + だからよかったものの」「い형/동(보통형) + からよかったものの」

- '~했기 때문에 큰 문제가 되지 않았지만'이라는 의미이다.
- 결과적으로 최악의 사태는 피했지만 바람직하지 않다는 것을 표현할 때 사용한다.
- 「~からいいが」「~からいいけど」와 비슷한 의미이지만, 한층 더 강하게 비난하거나 질책할 때 사용한다.

1	事故にならなかったから良かったものの、事故になっていたら本当に大変なことになっていたかもしれません。	사고로 이어지지 않았으니 망정이지, 사고가 났다면 정말 큰일 났을 지도 몰라요.
2	保険に入っていたから良かったものの、入っていなかったら本当に大変なことになっていたかもしれません。	보험에 들었기에 다행이지, 안 들어 놨다면 정말 큰일 났을 지도 몰라요.

3	すぐに対応(たいおう)できたから良(よ)かったものの、すぐに対応(たいおう)できていなかったら本当(ほんとう)に大変(たいへん)なことになっていたかもしれません。	즉각 대응했기에 다행이지, 바로 대응 못했더라면 정말 큰일 났을 지도 몰라요.

3 ～たら～だろう/はずだ/かもしれない/のに

~했으면 ~했을 것이다/ ~했을 지도 모른다

気付(きづ)くのが遅(おそ)かったら、大変(たいへん)なことになっていたかもしれません。

뒤늦게 알아차렸으면 큰일 났을 지도 몰라요. (반사실조건)

「명/な형어간 + だったら～だろう/はずだ/かもしれない/のに」

「い형어간 + かったら～だろう/はずだ/かもしれない/のに」

「동(た형) + ら～だろう/はずだ/かもしれない/のに」

- 실제 상황과는 다른 상황 혹은 정반대 상황이 벌어지는 것을 가정한 표현으로 '만약에 그렇게 됐더라면 이러했을 것이다'라는 의미이다.
- 동사의 경우 상태성을 나타내는 「～ていたら」를 사용할 때가 많다.
- 현실과 다른 상황을 가정할 때는 「동사(기본형) + のに」「동사(기본형) + のだが」를 사용한다.
- 과거의 사실과 정반대 상황을 가정할 때는 「동사(た형) + だろう」「동사(た형) + はずだ」「동사(た형) + のに」「동사(た형) + かもしれない」를 사용한다.

1	あの時(とき)病院(びょういん)に行(い)っていたら、ここまで悪(わる)くならなかったかもしれません。	그 때 병원에 갔더라면 이렇게까지 악화되지 않았을지도 몰라요.
2	あの時(とき)彼(かれ)と結婚(けっこん)していたら、幸(しあわ)せになっていたかもしれません。	그 때 그 남자랑 결혼했더라면 행복했을지도 몰라요.
3	あの時(とき)彼(かれ)のアドバイスを聞(き)いていたら、こんな失敗(しっぱい)はしなかったかもしれません。	그 때 그의 조언을 들었더라면 이런 실패는 하지 않았을지도 몰라요.

4 どんなに〜ても 아무리 ~해도

どんなに忙しくても、確認をしてから商品を並べる。

아무리 바빠도 확인을 한 후에 상품을 진열하다. (예상외)

「どんなに + 명/な형어간 + でも」「どんなに + い형어간 + くても」
「どんなに + 동(て형) + も」

- 어떤 정도나 수준이라 해도, 뒤에 오는 내용이 그 영향을 받지 않음을 나타낸다.
- 「いくら〜ても」로 바꿔 사용할 수 있다.
- 「たとえ(가령)」와 함께 사용하는 경우도 있다.

1	A：あの子、かわいいからアイドルになれるんじゃない？ B：うーん。どんなにかわいくても、アイドルになれるかは分からないよ。	A：그 애는 귀여우니까 아이돌이 될 수 있지 않을까? B：글쎄, 아무리 귀여워도 아이돌이 될 수 있을지는 모를 일이지.
2	A：あの人、お金持ちなんだって。 B：うーん。どんなにお金持ちでも、あの人とは結婚できないな。	A：그 사람 부자라던데. B：글쎄, 아무리 부자라도 그 사람이랑은 결혼 못하지.
3	A：えっ、まだ食べるの？ B：うん。だって、どんなに食べても、お腹がいっぱいにならないんだもん。	A：아니, 아직도 먹는 거야? B：응, 아무리 먹어도 배가 부르질 않는 걸.

5 ～てください ~해주세요

確認をしてから商品を並べるようにして下さい。

확인을 하고 난 다음에 상품을 진열해주세요. (지시)

「동(て형) + ください」

- 화자를 위해 누군가가 행동을 하도록 부탁, 지시, 명령할 때 사용하는 표현이다.
- 「～てくれ」보다는 정중한 표현이지만, 상대가 아랫사람이거나 동등한 관계인 경우에만 사용한다.
- 상대가 그렇게 하는 것이 당연한 경우에만 사용할 수 있다.

1	東京駅まで行ってください。	도쿄역까지 가주세요.
2	この薬を毎日飲んで下さい。	이 약을 매일 드세요.
3	ここでは静かにして下さい。	여기서는 조용히 해주세요.

6 ～いじょうは ~이상은

この店で働く以上は、責任を持って仕事をして下さい。

이 가게에서 일하는 이상은 책임감을 가지고 일해주세요. (원인·이유)

「명/な형어간 + であるいじょうは」「동/い형(보통형) + いじょうは」

- 책임져야 하거나 각오해야 하는 행위 뒤에 붙어 '그것을 할 상황에서는' 혹은 '그것을 한 상황에서는'라는 의미가 된다.
- 뒤에는 그 행위에 따른 각오나 책임과 관련된 결심, 권고, 의무 등의 내용이 이어진다.

1	やると言った以上は、最後までやるしかない。	하겠다고 말 한 이상은 끝까지 하는 수 밖에 없어.
2	引き受けた以上は、最後まできちんとやって下さい。	일을 맡은 이상은 마지막까지 제대로 해주기 바랍니다.
3	この大学の学生である以上は、大学の規則を守らなければならない。	이 대학의 학생인 이상은 대학의 규칙을 지켜야 한다.

제6과 지시·명령

제2강 함께 자료 준비를 시작해 줘

吉田(よしだ)　小林(こばやし)さん、会議(かいぎ)の時間(じかん)が変更(へんこう)になったそうなんです。

小林(こばやし)　えっ。そうなの？

吉田(よしだ)　急(いそ)いで資料(しりょう)を準備(じゅんび)しなければならないんですが、
どうしましょうか。

小林(こばやし)　資料(しりょう)なしで会議(かいぎ)をするわけにはいかないから、
昨日(きのう)の会議(かいぎ)で使(つか)った資料(しりょう)をもとに
資料(しりょう)を作(つく)ることにしよう。

吉田(よしだ)　はい。

小林(こばやし)　吉田(よしだ)さんは、森(もり)さんとともに
資料(しりょう)の準備(じゅんび)にとりかかってくれ。

吉田(よしだ)　分(わ)かりました。

요시다　선배님, 회의 시간이 변경 됐대요.

고바야시　어, 그래?

요시다　서둘러서 자료를 준비해야 하는데 어떻게 할까요?

고바야시　자료없이 회의를 할 수는 없으니까
어제 회의에서 사용했던 자료를 바탕으로 자료를 만듭시다.

요시다　네.

고바야시　요시다씨는 모리씨와 함께 자료 준비를 시작해 줘.

요시다　알겠습니다.

어휘 학습

단어	예문
会議(かいぎ)	会議(かいぎ)に参加(さんか)する。
(명)회의	회의에 참석하다.
時間(じかん)	時間(じかん)がない。
(명)시간	시간이 없다.
変更(へんこう)	予定(よてい)を変更(へんこう)する。
(명)변경	예정을 변경하다.
急(いそ)ぐ	急(いそ)いで支度(したく)をする。
(동)서두르다	서둘러서 준비하다.
資料(しりょう)	資料(しりょう)を集(あつ)める。
(명)자료	자료를 수집하다.
準備(じゅんび)	研究発表(けんきゅうはっぴょう)の準備(じゅんび)をする。
(명)준비	연구발표 준비를 하다.
とりかかる	作業(さぎょう)にとりかかる。
(동)착수하다, 시작하다	작업을 시작하다.

문형해설 & 문형연습

1 ~なければならない/~なければいけない ~해야 하다

急いで資料を準備しなければならない。

서둘러 자료를 준비해야 한다. (필수·의무)

「명/な형어간 + でなければならない/でなければいけない」
「い형어간 + くなければならない/くなければいけない」
「동(미연형) + なければならない/なければいけない」

- 어떤 것이 필수적이거나 의무적이라는 의미이다.
- 「~なければならない」「~なくてはならない」는 사회 통념이나 상식에 비추어볼 때 의무이거나 필요성이 있음을 나타내는 표현이며, 주로 모든 사람들에게 해당되는 일반론을 말할 때 사용한다.
- 「~なければいけない」「~なくてはいけない」는 개인적인 사정으로 인해 의무나 필요성이 생겼을 때 사용한다.
- 뒤에 오는 「ならない」「いけない」는 생략 가능하다.
- 구어체로는 「~なければ」를 「~なきゃ」로 바꿔서 말하기도 한다.

1	明日は会社に行かなければならない。	내일은 회사에 가야 한다.
2	明日までにレポートを出さなければならない。	내일까지 보고서를 제출해야 한다.
3	この薬は毎日飲まなければならない。	이 약은 매일 먹어야 한다.

2 ～わけにはいかない ~할 수는 없다

資料なしで会議をするわけにはいかない。

자료없이 회의를 할 수는 없다. (의지)

「동(기본형) + わけにはいかない」

- 불가능을 말할 때 사용하는 것이 아니라 사회통념, 상식, 경험에 등에 비추어 보아 해서는 안 되는 것을 말할 때 사용한다.

1	A：今日は休んだ方がいいんじゃない？ B：いや、今日は重要な会議があるから、会社を休むわけにはいかないんだ。	A：오늘은 쉬는 게 낫지 않겠어? B：아니, 오늘은 중요한 회의가 있어서 회사를 쉴 수 없어.
2	A：ねえ、遊びに行かない？ B：ごめん。明日テストだから、遊びに行くわけにはいかないんだ。	A：저기, 놀러 안 갈래? B：미안하지만, 내일 시험이라 놀러 갈 수 없어.
3	A：あれ、お酒飲まないの？ B：うん。今日は車で来ているから、お酒を飲むわけにはいかないんだ。	A：어? 술 안 마셔? B：응, 오늘은 차를 몰고 와서 술을 마실 수 없어.

3 ～をもとに(して) ~바탕으로 (해서)

昨日の会議で使った資料をもとに資料を作る。

어제 있었던 회의에서 사용한 자료를 바탕으로 자료를 만들다. (소재)

「명 + をもとに(して)」

- '어떤 것을 바탕/자료/토대/근거로 하여'라는 의미이다.
- 명사를 수식할 때는 「명 + をもとにした + 명」이 된다.

  예) 実話をもとにした映画(실화를 바탕으로 한 영화)

1	実際にあった話をもとに映画を作る。	실제 있었던 일을 토대로 영화를 만들다.
2	この歌は、古い民謡をもとに作られた。	이 노래는 오래된 민요를 토대로 만들어졌다.
3	ひらがなとカタカナは漢字をもとにして作られた。	히라가나와 가타가나는 한자를 바탕으로 만들어졌다.

4 ～ことにする ~하기로 하다

資料を作ることにする。

자료를 만들기로 하다. (결정·결심)

「동(기본형/ない형) + ことにする」

- 앞으로 할 행동에 대한 결정, 결심 등을 말할 때 사용한다.
- 「～ことにした(~하기로 했다)」는 그 결정과 결심이 벌써 이루어졌다는 의미이다.
- 「～こととする」는 같은 의미지만 딱딱한 표현으로 일상적인 대화에서는 잘 사용하지 않는다.

1	A：明日から、毎朝走ることにしたんだ。 B：そうなんだ。頑張ってね。	A： 내일부터 매일 조깅하기로 했어. B： 그렇구나. 열심히 해.
2	A：今日から、ダイエットをすることにしたんだ。 B：そうなんだ。頑張ってね。	A： 오늘부터 다이어트를 하기로 했어. B： 그렇구나. 열심히 해.
3	A：来月から、英会話を始めることにしたんだ。 B：そうなんだ。頑張ってね。	A： 다음달부터 영어회화 학원에 다니기로 했어. B： 그렇구나. 열심히 해.

5 ～とともに ~와 함께

森(もり)さんとともに資料(しりょう)の準備(じゅんび)にとりかかる。

모리씨와 함께 자료준비를 시작하다. (함께)

「명 + とともに」

- 앞에 사람이나 단체를 나타내는 명사가 오며, 「～といっしょに (함께)」「～と共同(きょうどう)で (공동으로)」「～と協力(きょうりょく)して(협력해서)」와 같은 의미이다.
- 일상적인 대화에서는 잘 사용하지 않는 딱딱한 표현이다.

1	仕事(しごと)をやめてからは、妻(つま)とともに旅行(りょこう)することが増(ふ)えた。	일을 그만두고 나서는 아내와 함께 여행하는 일이 많아졌다.
2	会社(かいしゃ)の同僚(どうりょう)とともにマラソン大会(たいかい)に出(で)る。	회사 동료와 함께 마라톤 대회에 참여한다.
3	母(はは)とともにコンサートを見(み)に行(い)く。	엄마와 함께 콘서트를 보러 간다.

6 ～てくれ ~해줘

資料(しりょう)の準備(じゅんび)にとりかかってくれ。

자료 준비를 시작해줘. (명령)

「동(て형) + くれ」

- 화자와 화자 측 사람을 위해 상대에게 어떤 행동을 하도록 강하게 명령할 때 사용하는 표현이다.
- 상대가 아랫사람이거나 동등한 관계인 경우에만 사용한다.
- 여성은 잘 사용하지 않는 표현으로 주로 남성이 사용한다.

1	もう帰(かえ)ってくれ。	그만 돌아가줘.
2	タクシーを呼(よ)んでくれ。	택시 좀 불러줘.
3	ちょっと電話(でんわ)を貸(か)してくれ。	잠깐 전화 좀 빌려줘.

제7과 사과

제1강 죄송해요

제2강 기다리게 해서 미안해

제7과 사과

제1강 죄송해요

上田(うえだ)　マネージャー、すみません。
　二日(ふつか)も休(やす)んでしまって。ご迷惑(めいわく)をおかけしました。

マネージャー　風邪(かぜ)はもう大丈夫(だいじょうぶ)なの？

上田(うえだ)　はい。ゆっくり休(やす)ませてもらったおかげで、
　すっかり良(よ)くなりました。

マネージャー　それは良(よ)かったわね。
　なんか清水(しみず)くんも風邪気味(かぜぎみ)らしいのよ。
　治(なお)るまでは休(やす)んでいいよって言(い)ったんだけどね。

上田(うえだ)　そうなんですか。風邪(かぜ)、はやっているんでしょうかね。

マネージャー　そうみたいね。
　とにかく上田(うえだ)さんも無理(むり)はしないようにね。

上田(うえだ)　はい。

우에다	지배인님 죄송해요. 제가 이틀이나 쉬는 바람에 걱정을 끼쳐 드렸어요.
매니저	감기는 다 나았어?
우에다	네, 푹 쉬게 해주신 덕분에 다 나았어요.
매니저	다행이네. 근데 시미즈씨도 감기 기운이 있다고 하더라고.
그래서	나을 때까지 쉬어도 된다고 했어.
우에다	그래요? 감기가 유행인가 보네요.
매니저	그런가 봐. 아무튼 우에다씨도 무리하지 마.
우에다	네.

어휘 학습

단어	예문
迷惑(めいわく)をかける	ご迷惑(めいわく)をおかけして申(もう)し訳(わけ)ありません。
걱정을 끼치다, 심려를 끼치다	심려를 끼쳐 드려 죄송합니다.
風邪(かぜ)	風邪(かぜ)をひく。
(명)감기	감기에 걸리다.
ゆっくり	昼食(ちゅうしょく)をゆっくり食(た)べた。
(부)천천히, 느긋하게	점심을 느긋하게 먹었다.
すっかり	すっかり忘(わす)れる。
(부)죄다, 모두, 완전히, 몽땅	까맣게 잊다.
	すっかり春(はる)になった。
	완전히 봄이 됐다.
なんか	なんか山田(やまだ)さん会社(かいしゃ)をやめたみたい。
웬일인지, 왜 그런지, 어쩐지	무슨 일인지 야마다씨 회사 그만둔 것 같더라.
治(なお)る	病気(びょうき)が治(なお)る。
(동)낫다, 치료되다	병이 낫다.
はやる	この冬(ふゆ)は新型(しんがた)のインフルエンザがはやるという。
(동)유행하다, (상점 등이) 번창하다, (질병 등이) 퍼지다	올 겨울에는 신종플루가 유행할 거라고 한다.
とにかく	とにかく一度(いちど)行(い)ってみよう。
(부)어쨌든, 여하튼, 아무튼	어쨌든 한번 가보자.
無理(むり)	無理(むり)を言(い)う。
(명/な형) 무리하다, 억지로 하다, 불가능하다	무리한 요구를 하다.
	無理(むり)をして体(からだ)をこわす。
	무리해서 몸을 망치다.

문형해설 & 문형연습

1 お/ご～する ~하여 드리다

ご迷惑(めいわく)をおかけしました。

걱정을 끼쳐 드렸습니다. (겸양표현)

「お + 동(연용형) + する」「ご + 명 + する」

- 윗사람을 위해 어떤 행동을 할 때 사용하는 겸양표현이다.
- 「お～いたす」는 「お～する」보다 더 정중한 표현이다.

1	A：先生(せんせい)、お荷物(にもつ)をお持ちします。 B：ありがとう。	A：선생님, 제가 짐을 들어 드릴게요. B：고마워.
2	順番(じゅんばん)になりましたら、お名前(なまえ)をお呼(よ)びします。	차례가 오면 이름을 불러 드리겠습니다.
3	お部屋(へや)にご案内(あんない)します。	방으로 안내해 드리겠습니다.

2 ～てもらう ~해주다

ゆっくり休(やす)ませてもらう。

푹 쉬게 해주다. (수수표현)

「동(て형) + もらう」

- 누군가가 화자를 위해 무엇인가를 해줬을 때 사용한다.
- 화자가 무엇인가를 해달라고 요청했을 때는 「～てもらう」를 사용하는 경우가 많고, 상대방이 자청해서 무엇인가를 해줬을 때는 「～てくれる」를 사용하는 경우가 많다. (61쪽 참고)

1	A：友達(ともだち)にチヂミの作(つく)り方(かた)を教(おし)えてもらったんだ。 B：いいな。今度(こんど)作(つく)って。	A：친구가 전을 부치는 방법을 가르쳐줬어. B：좋겠다. 다음에 만들어줘.
2	A：この指輪(ゆびわ)、彼氏(かれし)に買(か)ってもらったんだ。 B：いいな。	A：이 반지 남자친구가 사준 거야. B：좋겠다.
3	A：先輩(せんぱい)に焼(や)き肉(にく)をおごってもらったんだ。 B：いいな。おいしかった？	A：선배가 고기를 사줬어. B：좋았겠다. 맛있었어?

3 ～おかげで ~덕분에

休(やす)ませてもらったおかげで、すっかり良(よ)くなった。

쉬게 해주신 덕분에 다 나았어요. (원인·이유)

「명＋のおかげで」「な형어간＋なおかげで/だったおかげで」

「い형어간＋おかげで」「동(た형)＋たおかげで」

- '~한 덕분에'라는 의미이기 때문에 결과가 좋을 때만 사용하며, 결과가 안 좋을 때는 '~한 탓에'라는 의미의 「～せいで」를 사용한다.
- 남을 빈정댈 때 사용할 수도 있다.
- 「おかげさまで」는 '덕분에요'라는 의미의 관용표현이다.

1	A：吉田(よしだ)さんが看病(かんびょう)してくれたおかげで、 元気(げんき)になったよ。ありがとう。 B：いえいえ。	A：요시다씨가 간호해준 덕분에 다 나았어. 고마워. B：아니야.
2	A：佐々木(ささき)さんが手伝(てつだ)ってくれたおかげで、 早(はや)く終(お)わったよ。ありがとう。 B：いえいえ。	A：사사키씨가 도와준 덕분에 빨리 끝났어. 고마워. B：아니야.
3	A：彼(かれ)のおかげで、大変(たいへん)な目(め)にあったよ。 B：えっ、そうなの？	A：그 사람 때문에 고생했어. B：어, 그랬어?

4 ～ぎみ ~기운

清水くんは風邪気味だ。

시미즈씨는 감기 기운이 있다. (경향)

「명 + ぎみ」「동(연용형) + ぎみ」

- 그러한 경향이 있다는 의미로 주로 부정적인 것을 말할 때 사용한다.

1	A：最近、ちょっと疲れ気味なんだ。 B：休んだほうが良いんじゃない？	A : 요새 조금 피곤해. B : 쉬는 게 좋지 않겠어?
2	A：最近、ちょっと太り気味なんだ。 B：そうかな？	A : 요즘 살이 좀 찐 것 같아. B : 그래?
3	A：最近、成績が下がり気味なんだ。 B：そうなの？頑張って。	A : 요새 성적이 계속 떨어지고 있어. B : 그래? 힘내.

5 ～まで ~때까지

治るまでは休んでいい。

나을 때까지 쉬어도 된다. (시간)

「동(기본형) + まで」

- 어떤 일이 일어나기 전까지 같은 상태이거나 동작이 지속된다는 의미다.

1	来るまで待っている。	올 때까지 기다리다.
2	玉ねぎが茶色になるまで炒める。	양파가 갈색으로 변할 때까지 볶는다.
3	お客さんが帰るまで、店を閉められない。	손님이 가기 전까지 가게 문을 닫을 수 없다.

6 とにかく~ 아무튼~/어쨌든~/하여간~

とにかく無理(むり)はしないようにね。

아무튼 무리는 하지 마. (주장·재촉)

「とにかく + 문장」

- 다른 사정은 어떻게 되든 이 행위를 우선적으로 해야 한다는 의미로, 의지를 나타내는 동사와 함께 사용한다.
- 화자가 자신의 의지를 나타내거나 사실을 주장할 때 사용한다.
- 상대방에게 어떤 행동을 하도록 재촉할 때도 사용한다.

1	A：なんとかなりませんか？ B：できるかどうかは分(わ)かりませんが、とにかくやってみます。	A：어떻게 좀 안 될까요? B：할 수 있을지 모르겠지만, 어쨌든 해볼게요
2	A：どうしよう。間(ま)に合(あ)うかな？ B：間(ま)に合(あ)うかどうか分(わ)からないけど、とにかく行(い)ってみよう。	A：어떻게 하지? 제시간에 도착할 수 있을까? B：제시간에 도착할 수 있을지 모르겠지만, 하여간 가보자.
3	A：これ、おいしいの。とにかく食(た)べてみて。 B：うん。分(わ)かったよ。	A：이 거 맛있어. 좌우간 한번 먹어봐. B：응, 알았어.

제7과 지시·명령

제2강 기다리게 해서 미안해

鈴木(すずき)　待(ま)たせてごめん。

佐藤(さとう)　遅(おそ)い。
一度(いちど)たりとも約束(やくそく)の時間(じかん)に来(き)たためしがないんだから。

鈴木(すずき)　ほんとに、ごめん。道(みち)に迷(まよ)っちゃってさ。

佐藤(さとう)　だったら、せめて電話(でんわ)ぐらいしてよね。
よっぽど帰(かえ)ろうかと思(おも)ったよ。

鈴木(すずき)　いや、電話(でんわ)しようと思(おも)ったんだけど、
ケータイの充電(じゅうでん)が切(き)れちゃってさ…。

佐藤(さとう)　もう。遅刻(ちこく)ばっかりしていると友達(ともだち)なくすよ。

鈴木(すずき)　うん。ほんとごめんね。今日(きょう)はおごるから許(ゆる)して。

스즈키　기다리게 해서 미안해.
사　토　늦었네. 한번이라도 제시간에 온 적이 없다니까.
스즈키　정말 미안해. 길을 잃어서 말이야.
사　토　그렇다면 적어도 전화를 했어야지.
정말이지 집에 돌아갈까 생각했어.
스즈키　전화하려고 했는데 휴대전화 배터리가 다 닳아버렸지 뭐야.
사　토　정말! 지각을 반복하면 친구를 잃게 될 거야.
스즈키　응, 정말 미안해. 오늘은 내가 밥 살 테니 용서해줘.

어휘 학습

단어	예문
待つ	少々お待ちください。
(동)기다리다	잠시만 기다려주세요.
道に迷う	山中で道に迷う。
길을 잃다	산속에서 길을 잃다.
だったら	だったら仕事やめれば。
(접)그러면, 그렇다면	그럼 일을 그만두면 되겠네.
せめて	せめて銅メダルは取りたい。
(부)적어도, 최소한	최소한 동메달은 따고 싶다.
ケータイ (携帯、携帯電話)	ケータイを買いかえる。
(명)휴대전화, 휴대폰, 핸드폰	휴대전화를 새것으로 바꾸다.
充電	携帯電話を充電する。
(명)충전	휴대전화를 충전하다.
切れる	携帯電話の充電が切れる。
(동)끊어지다, 떨어지다, 마감되다	휴대전화 배터리가 다 닳다.
遅刻	学校に遅刻する。
(명)지각하다, 늦다	학교에 지각하다.
無くす	時計を無くす。
(동)잃다, 없애다, 분실하다	시계를 잃어버리다.
おごる	後輩におごる。
(동)한턱 내다	후배에게 한턱내다.
許す	今度やったら許さないぞ。
(동)허락하다, 용서하다	다음에 그러면 용서하지 않겠어.

문형해설 & 문형연습

1 ～させる ~하게 하다

待たせてごめん。

기다리게 해서 미안해. (사역)

「동(미연형) + せる」「동(미연형) + させる」

- 어떤 사람의 명령 혹은 지시에 따라서 다른 사람이 어떤 행동을 하게 될 때 사용한다.
- 실제로는 강제, 지시, 허락 등 다양한 의미를 내포한다.

	동사 기본형	동사 사역형
그룹1 동사	待つ	待たせる
		待たす
	話す	話させる
그룹2 동사	見る	見させる
	食べる	食べさせる
그룹3 동사	する	させる
	来る	来させる

1	子どもを買い物に行かせる。	아이에게 물건을 사오라고 시키다.
2	子どもにご飯を食べさせる。	아이에게 밥을 먹이다.
3	子どもに勉強をさせる。	아이에게 공부를 시키다.

2 ～たりとも～ない ~라도 ~없다

一度(いちど)たりとも約束(やくそく)の時間(じかん)に来(き)たことがない。

한번이라도 제시간에 온 적이 없다. (강조)

「一 + 조수사 + たりとも～ない」

- 최소한의 수나 양조차 허용하지 않는다는 의미이다.
- 「～も～ない」도 같은 의미이다.

예) 一日(いちにち)たりとも(하루라도) / 一瞬(いっしゅん)たりとも(한순간이라도)
一秒(いちびょう)たりとも(1초라도) / 一滴(いってき)たりとも(한 방울이라도)

1	A：試験(しけん)まで、あと一ヶ月(いっかげつ)だね。 B：うん。一日(いちにち)たりとも無駄(むだ)にできないよ。	A：시험까지 이제 한달 남았네. B：응, 단 하루도 낭비할 수가 없네.
2	A：一瞬(いっしゅん)たりとも油断(ゆだん)しちゃいけないよ。 B：うん。分(わ)かってる。	A：단 한순간이라도 방심하지 마. B：응, 알고 있어.
3	A：私(わたし)のこと、疑(うたが)ってるの？ B：いや、一度(いちど)たりとも疑(うたが)ったことはないよ。	A：나를 의심하는 거야? B：아니야, 단 한 번도 너를 의심한 적 없어.

3 ～ためしがない ~한 적이 없다

約束(やくそく)の時間(じかん)に来(き)たためしがない。

제시간에 온 적이 없다. (비난)

「동(た형) + ためしがない」

- '지금까지 한 번도 그런 적이 없다'는 의미로 주로 비난할 때 사용한다.

1	彼(かれ)は一度(いちど)も食事(しょくじ)をおごってくれたためしがない。	그는 한 번도 밥을 사준 적이 없다.
2	彼(かれ)の予想(よそう)は一度(いちど)も当(あ)たったためしがない。	그의 예상은 한 번도 맞은 적이 없다.
3	夏休(なつやす)みの宿題(しゅくだい)は、早(はや)く終(お)わったためしがない。	여름방학 숙제를 빨리 끝낸 적이 없다.

4 よほど/よっぽど～よう(か) 정말이지 ~할까

よっぽど帰(かえ)ろうかと思(おも)った。

정말이지 집에 돌아갈까도 생각했어. (강조)

「よほど/よっぽど + 동(의지형) + (か)」

- '마음 같아서는'이라는 의미이며「思った」와 함께 사용할 때가 많다.
- 「よっぽど」는「よほど」의 힘줌말로 같은 의미이다.
- 강한 의지를 나타내지만, 결국 생각했던 대로 행동하지 못 했을 때 사용하는 표현이다.

1	A：部長(ぶちょう)があまりにもむかついたので、 よっぽどなぐってやろうかと思(おも)ったよ。 B：えっ、そんなにむかついたの？	A：부장님한테 너무 화가 치밀어서 정말이지 한 대 칠까도 생각했어. B：앗, 그렇게 울컥했어?
2	A：映画(えいが)があまりにもつまらなかったので、 よっぽど映画館(えいがかん)を出(で)ようかと思(おも)ったよ。 B：えっ、そんなにつまらなかったの？	A：영화가 너무 재미 없어서 정말이지 영화관에서 나올까도 생각했어. B：그렇게 재미 없었어?
3	A：あまりにも腹(はら)が立(た)ったので、 よっぽど帰(かえ)ってやろうかと思(おも)ったよ。 B：えっ、そんなに腹(はら)が立(た)ったの？	A：너무 화가 나서 정말이지 집에 갈까도 생각했어. B：그렇게 화가 났었어?

5 ～ようとおもう ~하려고 하다

電話しようと思った。

전화를 하려고 했다. (예정·의사)

「동(의지형) + ようとおもう」

- 화자의 예정이나 의사를 나타낼 때 사용하며, 의문문으로 청자의 의사를 물을 수도 있다.
  예) この仕事をずっとつづけようと思いますか。(이 일을 계속 할 생각이에요?)
- 「～ようと思わない」는 그럴 의사가 없다는 의미이다.
- 「～つもりだ」와 비슷하지만(58쪽 참고), 「～ようと思う」는 제3자의 의사에 대해서는 사용할 수 없다.

1	A：夏休みはどこか行くの？ B：うん。今年はハワイに行こうと思っているんだ。	A：여름방학에 어디가? B：응, 올해는 하와이에 가려고 생각 중이야.
2	A：えっ、もう寝るの？ B：うん。今日は早く寝ようと思っているんだ。	A：어, 벌써 자? B：응, 오늘은 일찍 자려고 해.
3	A：仕事辞めるの？ B：うん。来月辞めようと思ってるんだ。	A：일 그만둬? B：응, 다음 달에 그만두려고 생각 중이야.

6 ～ばっかり/～ばかり ~만

遅刻(ちこく)ばっかりしている。

지각을 반복하다. (한정)

「명 + ばっかり/ばかり」

- '~만 많이 하다' '~만 반복하다'라는 의미이다.
- 문어체에서는「ばかり」를 주로 쓰고, 구어체에서는「ばかり」뿐만 아니라「ばっかり」도 많이 사용한다.

1	A：最近(さいきん)雨(あめ)ばっかりだね。 B：うん。梅雨(つゆ)だからね。	A：요새 계속 비가 오네. B：응, 장마철이니까.
2	A：文句(もんく)ばっかり言(い)っていないで仕事(しごと)しなさい。 B：分(わ)かったよ。	A：불평만 늘어놓지 말고 일해. B：알았어.
3	A：肉(にく)ばっかり食(た)べないで野菜(やさい)も食(た)べなさい。 B：えーっ、野菜(やさい)嫌(きら)いなんだもん。	A：고기만 먹지 말고 야채도 먹어. B：엑, 야채는 싫어!

제8과 감사

제1강 덕분이에요

제2강 정말 고마워

제8과 감사

제1강 덕분이에요

小林(こばやし)　渡辺(わたなべ)さん、ついに契約(けいやく)が取(と)れました。
　　渡辺(わたなべ)さんのおかげです。ありがとうございました。

渡辺(わたなべ)　わーっ、本当(ほんとう)？おめでとう。

小林(こばやし)　何度(なんど)もあきらめそうになったんですけど、
　　がんばったかいがありました。

渡辺(わたなべ)　小林(こばやし)さん、本当に頑張(がんば)ったよね。
　　このところろくに寝(ね)ていなかったんじゃない？
　　今日(きょう)はゆっくり休(やす)みなよ。

小林(こばやし)　はい。今度(こんど)ご飯(はん)でもごちそうさせて下さい。

고바야시　와타나베씨, 드디어 계약을 따냈어요.
　　와타나베씨 덕분이에요. 감사합니다.

와타나베　와, 정말? 축하해.

고바야시　몇 번이나 포기할 뻔했는데 열심히 한 보람이 있었어요.

와타나베　고바야시씨, 정말 열심히 했잖아.
　　요즘 제대로 자지도 못한 것 아니야? 오늘은 푹 쉬어.

고바야시　네, 다음에 식사라도 대접하게 해주세요.

어휘 학습

단어	예문
ついに	橋(はし)が遂(つい)に完成(かんせい)した。
(부)마침내, 드디어	다리가 드디어 완성되었다.
契約(けいやく)	新規(しんき)の契約(けいやく)が取(と)れない。
(명)계약	신규 계약을 따내지 못하다.
おかげ	勉強(べんきょう)したおかげで合格(ごうかく)できた。
(명)덕택, 덕분	공부한 덕분에 합격할 수 있었다.
あきらめる	どうしてもあきらめられない。
(동)포기하다, 체념하다, 단념하다	무슨 일이 있어도 포기할 수 없다.
頑張(がんば)る	頑張(がんば)って。
(동)버티다, 분발하다	힘내.
甲斐(かい)	努力(どりょく)した甲斐(かい)がない。
(명)보람	노력한 보람이 없다.
ろくに	ろくに休(やす)みも取(と)れない。
(부)제대로, 충분히	제대로 쉬지도 못하다.
ごちそう	酒(さけ)をごちそうする。
(명)대접, 맛있는 음식	술을 대접하다.

문형해설 & 문형연습

1 ついに~た 드디어 ~했다

ついに契約(けいやく)が取(と)れた。

드디어 계약을 따냈다. (결과)

「ついに＋동(た형)」

- '(여러 과정을 거쳐) 드디어 실현되었다'는 의미이다.
- 긴 시간이 걸렸거나 고생 끝에 이루어졌을 때 사용한다.

1	ついにトンネルが完成(かんせい)した。	드디어 터널이 완성되었다.
2	ついに家(いえ)を買(か)った。	드디어 집을 샀다.
3	ついに歌手(かしゅ)デビューが決(き)まった。	마침내 가수 데뷔가 결정되었다.

2 ~そうになった ~할 뻔했다

何度(なんど)もあきらめそうになった。

몇 번이나 포기할 뻔했다. (직전)

「동(연용형)＋そうになった」

- 어떤 상황이 벌어지기 직전인 상태라는 의미이다.
- 과거에 일어난 일에 대해서 사용하는 경우가 많다.

1	道(みち)が凍(こお)っていたので、何度(なんど)も転(ころ)びそうになった。	길이 얼어 있어서 몇 번이나 넘어질 뻔했다.
2	交差点(こうさてん)で、自転車(じてんしゃ)にぶつかりそうになった。	사거리에서 자전거와 부딪힐 뻔했다.
3	驚(おどろ)いて、コップを落(お)としそうになった。	놀라서 컵을 떨어뜨릴 뻔했다.

3 ～かいがある/～かいがない ~보람이 있다/~보람이 없다

がんばったかいがあった。

열심히 한 보람이 있었다. (성과)

「명 + のかいがある/ない」「동(た형) + かいがある/ない」

- 동작을 나타내는 동사나 행위를 나타내는 명사에 붙어, 기대한 성과를 거둘 수 있었다는 의미를 나타낸다.
- 부정형에서는 노력을 했는데 아무런 성과를 거두지 못했다는 의미가 된다.

1	A：試験(しけん)に合格(ごうかく)したんだ。 B：よかったじゃん。努力(どりょく)したかいがあったね。	A : 시험에 합격했어. B : 잘 됐다. 노력한 보람이 있었네.
2	A：大会(たいかい)で優勝(ゆうしょう)したんだ。 B：よかったじゃん。 練習(れんしゅう)したかいがあったね。	A : 대회에서 우승했어. B : 잘 됐다. 연습한 보람이 있었네.
3	A：本当(ほんとう)にいい景色(けしき)だね。 B：うん。ここまで来(き)たかいがあったね。	A : 정말 경치가 좋네. B : 응, 여기까지 온 보람이 있었네.

4 ～のところ ~즈음

このところ寝(ね)ていない。

요즘 잠을 못 잤다. (시간)

「명 + のところ」

- 「今(いま)(지금)」「現在(げんざい)(현재)」「この(이)」 등 현시점을 나타내는 명사에 붙어 '지금' '현재' '요즘'과 같은 의미로 사용한다.

1	A：何(なに)か問題(もんだい)はない？ B：うん。今(いま)のところ、問題(もんだい)ないよ。	A : 아무 문제 없어? B : 응, 지금으로서는 문제없어.
2	A：疲(つか)れているみたいだね。 B：うん。このところ仕事(しごと)が忙(いそが)しくって。	A : 피곤해 보여. B : 응, 요즘 일이 바빠서.
3	A：何人(なんにん)ぐらい集(あつ)まりましたか？ B：現在(げんざい)のところ15人(にん)ぐらい集(あつ)まっています。	A : 몇 명 정도 모였어요? B : 현재 15명 정도 모였습니다.

5 ろくに~ない 제대로 ~하지 않다

ろくに寝ていない。

충분히 자지 못하다. (불충분)

「ろくに＋동(ない형)」

- '제대로/충분히/변변히 ~지 않다/못하다'는 의미이다.

1	遊んでばかりでろくに勉強もしない。	놀기만 하고 제대로 공부를 안 한다.
2	酒ばかり飲んでろくに仕事もしない。	술만 마시고 제대로 일을 안 한다.
3	忙しいので、ろくに休みも取れない。	바빠서 변변히 쉬지도 못한다.

6 ~させてください ~하게 해주세요

今度ご飯でもごちそうさせて下さい。

다음에 식사라도 대접하게 해주세요. (허락요청)

「동(미연형)＋せてください」「동(미연형)＋させてください」

- 사역표현과「ください」와 같은 의뢰 표현을 같이 쓰면 허락을 요청하는 표현이 된다.

	동사 기본형	동사 사역형	허락요청 표현
그룹1 동사	行く	行かせる	行かせてください
		行かす	
	話す	話させる	話させてください
그룹2 동사	見る	見させる	見させてください
	食べる	食べさせる	食べさせてください
그룹3 동사	する	させる	させてください
	来る	来させる	来させてください

1	A：申(もう)し訳(わけ)ありません。 今日(きょう)は早(はや)く帰(かえ)らせて下(くだ)さい。 B：分(わ)かりました。	A：죄송합니다. 오늘은 일찍 돌아가게 해주세요. B：알겠습니다.
2	A：申(もう)し訳(わけ)ありません。 もう少(すこ)し考(かんが)えさせてください。 B：分(わ)かりました。	A：죄송합니다. 좀 더 생각해볼 수 있게 해주세요. B：알겠습니다.
3	A：ここは、私(わたし)に払(はら)わせて下(くだ)さい。 B：いえいえ、私(わたし)にごちそうさせて下(くだ)さい。	A：이번에는 제가 내게 해주세요. B：아니에요. 제가 대접할 수 있게 해주세요.

제8과 감사

제2강 정말 고마워

阿部(あべ)　あ、清水君(しみずくん)。今日(きょう)お誕生日(たんじょうび)だよね？おめでとう。
これプレゼント。

清水(しみず)　えっ？ありがとう。開(あ)けてみてもいい？

阿部(あべ)　うん。もちろん。

清水(しみず)　うわー。僕(ぼく)が前(まえ)から欲(ほ)しがってたやつだ。よく分(わ)かったね。

阿部(あべ)　だって、この前集(まえあつ)めてるって言(い)ってたじゃん。

清水(しみず)　あれっ、そうだったっけ？探(さが)すの大変(たいへん)だったでしょ？

阿部(あべ)　うん。あちこち探(さが)し回(まわ)って、やっと見(み)つけたんだ。

清水(しみず)　えっ、わざわざ僕(ぼく)にプレゼントするために探(さが)してくれたの？
ほんとにありがとう。大切(たいせつ)にするよ。

아 베　아, 시미즈씨 오늘 생일이지? 축하해. 자, 선물.

시미즈　앗, 고마워. 열어봐도 돼?

아 베　응, 당연하지.

시미즈　와! 내가 전부터 갖고 싶어 했던 거잖아. 잘 알고 있었네?

아 베　왜냐하면 지난 번에 모으고 있다고 말했었잖아.

시미즈　어, 그랬었나? 찾기 힘들었지?

아 베　응, 여기저기 찾아다니다 겨우 발견했어.

시미즈　어, 나한테 선물하기 위해서 일부러 찾은 거야? 정말 고마워. 잘 간직할게.

어휘 학습

단어	예문
誕生日	誕生日にパーティーをする。
(명)생일	생일에 파티를 하다.
開ける	カバンを開ける。
(동)열다	가방을 열다.
やつ	これと同じやつをくれ。
(명)물건, 것	이것과 같은 것을 줘.
前	三年前に家を建てた。
(명)전, 이전, 앞	3년 전에 집을 지었다.
	前を見て歩く。
	앞을 보고 걷다.
だって	だってきらいなんだもん。
하지만, 그렇지만, 그래도	하지만 싫어한단 말이야.
集める	切手を集める。
(동)모으다, 수집하다	우표를 수집하다.
探す	仕事を探す。
(동)찾다	일자리를 찾다.
あちこち	あちこち歩きまわる。
(대명)여기저기	여기저기 걸어 다니다.
探し回る	家中、探し回る。
(동)찾아다니다, 쫓아다니다	온 집안을 찾아다니다.
やっと	やっと合格した。
(부)겨우, 간신히	간신히 합격했다.
見つける	やりたいことを見つける。
(동)찾다, 발견하다	하고 싶은 일을 찾다.
わざわざ	わざわざ会いに行く。
(부)일부러, 특별히, 굳이	일부러 만나러 가다.
大切	水を大切に使う。
(명/な형)중요함, 귀중함, 아낌, 소중함	물을 아껴 쓰다.

문형해설 & 문형연습

1 ～がる ~하고 싶어하다

前から欲しがっていた。

전부터 갖고 싶어했었다. (감정)

「な형어간 + がる」「い형어간 + がる」「동(연용형) + たがる」

- 형용사 혹은 욕구를 나타내는 「～たい」 어간에 붙는다.

예) 嫌がる(싫어하다) / 悲しがる(슬퍼하다) / 怖がる(무서워하다)
恥ずかしがる(부끄러워하다) / 寂しがる(섭섭해하다) / なつかしがる(그리워하다)
煙たがる(어려워하다) / 強がる(허세를 부리다) / 痛がる(아파하다)
得意がる(의기양양해 하다)

- 일반적으로 1인칭에는 사용할 수 없지만 수식어로는 사용가능하다. 예를 들어 「僕が欲しがっていたやつ」의 경우 「やつ」를 수식하는 구절이기 때문에 사용할 수 있다.
- 「～がる」를 연용형「～がり」로 바꾸면 명사가 된다.

예) 暑がり(더위를 잘 타는 사람) / 寒がり(추위를 잘 타는 사람)
寂しがり(외로움을 잘 타는 사람) / 恥ずかしがり(부끄럼쟁이) / 怖がり(겁쟁이)

1	A：恥ずかしがっていないで、あいさつしておいで。 B：えーっ、やだよ。	A：부끄러워하지 말고 인사하고 와. B：에, 싫어.
2	A：怖がっていないで、さわってみなよ。 B：えーっ、やだよ。	A：무서워하지 말고 만져봐. B：에, 싫어.
3	A：強がっていないで、あやまっておいで。 B：えーっ、やだよ。	A：고집 부리지 말고 사과하고 와. B：에, 싫어.

2 よく~ 잘~

よく分かったね。

잘 알고 있었네? (감격·경악)

「よく＋문장」

- 어려운 일을 해냈거나 예상치 못한 좋은 결과가 나왔을 때 사용하며 '잘' '용케'라는 의미이다.
- 누군가가 자신을 위해 어려운 일을 해줬을 때 감격의 의미로 사용하며, 「～てくれる」와 함께 사용한다.
- 상대를 비난할 때 반어적으로 사용하기도 하며, 이 경우 「よく」는 '뻔뻔스럽게' '감히'라는 의미이다.

  예) よくそんなことができるね。(어떻게 그런 짓을 할 수 있어?)

1	A：今日も10時間勉強したよ。 B：へえ。よく10時間も勉強できるね。	A：오늘도 10시간 공부했어. B：그래? 용케 10시간이나 공부했네.
2	A：これおじいさんの写真なんだ。 B：うわー。よくこんな古い写真が残っていたね。	A：이거 할아버지 사진이야. B：와, 이렇게 오래된 사진이 잘 남아있네.
3	A：社長、お先に失礼します。 B：今日はよく働いてくれたね。助かったよ。	A：사장님 먼저 가보겠습니다. B：오늘 열심히 일해줘서 고마워.

3 だって~ 왜냐하면~

だって、この前言ってたじゃん。

왜냐하면 전에 말했었잖아. (이유)

「だって＋문장」

- 편한 상대에게 이유를 묻거나, 대답을 할 때 사용하는 구어체이다.
- 질문에 대한 대답을 할 때는「だって～もん」형태로 사용한다.

1	A：どうして掃除しないの？ B：だってめんどくさいんだもん。	A：왜 청소를 안 해? B：왜냐하면 귀찮단 말이야.
2	A：そんな彼氏、別れればいいじゃん。 B：だって好きなんだもん。	A：그런 남자친구라면 헤어지는 게 낫지 않아? B：그래도 좋아한단 말이야.
3	A：ピーマンもちゃんと食べなさい。 B：だって嫌いなんだもん。	A：피망도 잘 먹어야 해. B：그래도 싫단 말이야.

4 ～っけ？ ~나?

あれっ、そうだったっけ？

어? 그랬었나? (확인)

「명/な형어간＋だ(った)っけ？」「い형어간＋かったっけ？」
「동(た형)＋っけ？」「문장＋んだ(った)っけ？」

- 어렴풋한 기억을 확인할 때 사용하며, 혼잣말로도 사용한다.
- 편한 상대에게 사용하는 구어체이다.
- 정중체는「명/な형어간＋でしたっけ？」「동＋ましたっけ？」「문장＋んでしたっけ？」이다.
- 「い형 어간＋かったですっけ？」는 사용하지 않고,「い형(기본형)＋んでしたっけ？」를 사용한다.

1	A：あの人って、山田さんだっけ？ B：うん。そうだよ。	A：그 사람 야마시다씨였나? B：응, 맞아.
2	A：去年の夏って、暑かったっけ？ B：うん。暑かったよ。	A：작년 여름에 더웠나? B：응, 더웠지.
3	A：明日って、田中さんも来るんだったっけ？ B：うん。そうだよ。	A：내일 타나카씨도 오기로 했었나? B：응, 맞아.

5 ～まわる ~하고 다니다

あちこち探し回る。

여기저기 찾아다니다.(동작강조)

「동(연용형) + まわる」

- '이리저리 ~하다' '그 근처를 ~하다'라는 의미이다.
- 「動く(움직이다)」「走る(달리다)」「飛ぶ(날다)」「泳ぐ(헤엄치다)」 등과 같이 이동을 나타내는 동사, 또는 「暴れる(날뛰다)」「遊ぶ(놀다)」「はねる(뛰다)」 등과 같이 동작을 나타내는 동사와 함께 사용한다.

1	子どもたちが外を走り回る。	아이들이 밖을 뛰어다니다.
2	彼は世界中を飛び回る。	그는 전 세계를 날아다니다.
3	犬に追いかけられて逃げ回る。	강아지가 쫓아와서 도망다니다.

6 ～ために ~위해서

プレゼントするために探す。

선물하기 위해서 찾다. (목적)

「명 + のために」「동(기본형) + ために」

- '때문에' '위해서'라는 의미로 선행절과 후행절의 주어가 같아야 한다.

1	A：なんで東京に行くんですか。 B：会議のために行くんです。	A： 왜 도쿄로 가요? B： 회의 때문에 가요.
2	A：なんで並んでいるんですか。 B：チケットを取るために並んでいるんです。	A： 왜 줄 서있나요? B： 티켓을 구하기 위해서 줄 서있는 거예요.
3	A：何の勉強をしているんですか。 B：弁護士になるために勉強しているんです。	A： 무슨 공부를 하세요? B： 변호사가 되기 위해서 공부하고 있어요.

제9과 칭찬

제9과 칭찬

제1강 지난번 강연회 잘 들었어요

中島(なかじま)　山口(やまぐち)さん、この前(まえ)のセミナー、本当(ほんとう)に勉強(べんきょう)になりました。ありがとうございました。

山口(やまぐち)　あっ、そうですか。良(よ)かった。
突然(とつぜん)コンプライアンスについてのセミナーをしてくれと言(い)われて、急(いそ)いで準備(じゅんび)したんですよ。
もっと時間(じかん)があれば、もう少(すこ)し準備(じゅんび)ができたんですが…。
もう少(すこ)し簡単(かんたん)に説明(せつめい)するべきだったなと反省(はんせい)していたんですよ。

中島(なかじま)　そうなんですか。とても分(わ)かりやすかったです。

山口(やまぐち)　そう言(い)ってもらえるとうれしいです。

中島(なかじま)　コンプライアンスというと、「あれをしてはいけない」とか「こうするべきだ」という話(はなし)になりがちじゃないですか。

山口(やまぐち)　ええ。

中島(なかじま)　だから山口(やまぐち)さんのお話(はなし)はとても新鮮(しんせん)でした。

나카지마	야마구치씨, 지난번 강연회 잘 들었어요. 감사했습니다.
야마구치	아, 그래요? 다행이네요. 갑자기 윤리경영에 관한 강연을 해달라고 요청 받아서 급하게 준비했어요. 시간이 좀 더 있었으면 준비를 더 잘했을 텐데…. 좀 더 쉽게 설명할 걸 그랬다고 반성했어요.
나카지마	그러셨어요? 전 정말 이해하기 쉬웠어요.
야마구치	그렇게 말씀해주시니 다행이네요.
나카지마	아무래도 윤리경영이라고 하면 '~하면 안 된다' 혹은 '~해야 한다'는 이야기가 되기 마련이잖아요?
야마구치	그렇죠.
나카지마	그래서인지 야마구치씨 강연은 정말 새로웠어요.

어휘 학습

단어	예문
この前(まえ)	この前(まえ)初(はじ)めて会(あ)った。
(명/부)며칠 전, 얼마 전	얼마 전 처음으로 만났다.
セミナー	セミナーに参加(さんか)する。
(명)세미나, 강습회, 연수회	세미나에 참석하다.
突然(とつぜん)	突然(とつぜん)雨(あめ)が降り出(だ)す。
(부/な형)돌연, 갑자기	갑자기 비가 내리기 시작하다.
もっと	もっと食(た)べたい。
(부)더, 조금 더	더 먹고 싶다.
コンプライアンス (compliance)	コンプライアンスを強化(きょうか)する。
(명)윤리경영	윤리경영을 강화하다.
簡単(かんたん)	簡単(かんたん)な面接(めんせつ)試験(しけん)がある。
(명/な형)간단	간단한 면접시험이 있다.
説明(せつめい)	説明(せつめい)が不十分(ふじゅうぶん)だ。
(명)설명	설명이 부족하다.
反省(はんせい)	反省(はんせい)が足(た)りない。
(명)반성	반성이 부족하다.
話(はなし)	人(ひと)の話(はなし)をよく聞(き)く。
(명)이야기, 말, 소문	남의 이야기를 잘 듣다.
だから	だからやめておけといったではないか。
(접)그러니까, 그래서	그러니까 하지 말라고 말했잖아.
新鮮(しんせん)	新鮮(しんせん)な野菜(やさい)を食(た)べる。
(명/な형)신선	신선한 야채를 먹다.

문형해설 & 문형연습

1 ～ば～のに/のだが/のだけれど ~하면 ~할 텐데

時間があれば、もう少し準備ができたのに…。

시간이 좀 더 있었으면 준비를 더 잘했을 텐데…. (반사실조건)

「명/な형어간 + なら(ば)～のに/のだが/のだけれど」

「い형어간 + ければ～のに/のだが/のだけれど」

「동(조건형)～のに/のだが/のだけれど」

- 「XばYのに/のだが/のだけれど」 형태로 쓰며, Y에 들어가는 술어는 기본형과 た형이다.
- 현실과 다른 것을 원할 때 혹은 현실을 한탄할 때 사용한다.
- 과거사실과 다른 상황이라면, 다른 결과가 나왔을지도 모른다는 의미로도 사용한다.
- 「～のだが」「～のだけれど」의 「だ」를 「です」로 바꾸면 정중한 표현이 된다.
- 「～のだが」「～のだけれど」의 「のだ」는 「んだ」로, 「～のだけれど」의 「けれど」는 「けど」로 바꿀 수 있다.

1	A：あっ、牛乳買って来なくちゃ。 B：えっ、言ってくれれば、買って来たのに。	A：앗, 우유 사와야겠다. B：어, 말해줬으면 사왔을 텐데.
2	A：あのさ、週末、映画でも行かない？ B：週末は仕事なんだよね。仕事がなければ、行きたいんだけど。	A：저기, 주말에 영화라도 보러 갈래? B：주말에 일해야 해. 일이 없으면 가고 싶지만.
3	A：問題、最後まで解けなかったの？ B：うん。あと10分あれば、解けたんだけど。	A：문제 마지막까지 다 못 풀었어? B：응, 10분만 더 있었으면 풀었을 텐데.

2 ～べきだった/～べきではなかった ~했어야 했다/~하지 않았어야 했다

もう少し簡単に説明するべきだった。

좀 더 쉽게 설명했어야 했다. (후회)

「동(기본형) + べきだった/べきではなかった」

- 과거에 있었던 일에 대해서 후회 혹은 반성할 때 사용하는 표현이다.
- 구어체와 문어체 둘 다 사용할 수 있다.
- 「する」의 경우 「するべきだった」「すべきだった」 두 가지를 사용할 수 있다.

1	あの時に、もっと買っておくべきだった。	그때 더 사뒀어야 했다.
2	学生時代に、もっと勉強をするべきだった。	학창시절에 더 열심히 공부했어야 했다.
3	あんなこと、言うべきではなかった。	그런 말 하는 게 아니었다.

3 ～というと ~라고 하면

コンプライアンスというと、「○○すべきだ」という話になることが多い。

윤리경영이라고 하면 'OO해야 한다'는 이야기가 되기 마련이다. (설명)

「명/な형/い형/동(보통형) + というと」

- 어떤 주제와 관련해 연상되는 내용을 언급하거나 설명을 덧붙일 때 사용한다.
- 「～といえば」도 같은 의미로 사용한다.
- 구어체에서는 「～っていうと」라는 표현을 사용하기도 한다.

1	スペインというと、フラメンコが思い浮かぶ。	스페인 하면 플라멩코가 떠오른다.
2	スポーツの祭典というと、まずオリンピックが思い浮かぶ。	스포츠 축제라고 하면 우선 올림픽이 떠오른다.
3	インド映画というと、歌とダンスがまず思い浮かぶ。	인도 영화라고 하면 춤과 노래가 먼저 떠오른다.

4 ～てはいけない ~해서는 안 된다

あれをしてはいけない。
그렇게 하면 안 된다. (금지)

「동(て형) + はいけない」

- 「～てはいけない」 형태로 일반적으로 금지를 나타내는 표현이다.
- 남성이 아랫사람에게 사용하는 경우가 많다.
- 정중한 표현으로는 「～てはいけません」가 있는데 이 표현은 부모, 교사, 상사 등 관리감독하는 입장인 사람들이 자녀, 학생, 부하 등 관리감독 대상에게 사용하는 경우가 많다.

1	芝生(しばふ)に入(はい)ってはいけません。	잔디에 들어가면 안 됩니다.
2	授業中(じゅぎょうちゅう)におしゃべりをしてはいけません。	수업 중에 수다를 떨면 안 됩니다.
3	ここで、写真(しゃしん)をとってはいけません。	여기서 사진을 찍으면 안 됩니다.

5 ～べきだ ~해야 하다

こうするべきだ。
이렇게 해야 한다. (권고·충고)

「명/な형어간 + であるべきだ」「い형어간 + くあるべきだ」「동(기본형) + べきだ」

- '~하는 것이 당연하다' '~하는 것이 옳다' '~해야 한다'는 의미이다.
- 「～べきではない」는 '~하는 것은 바람직하지 않다' '~하는 것은 옳지 않다' '~하면 안 된다'는 의미이다.
- 상대방 행동에 대해서 사용할 때는 충고, 권고, 금지, 명령 표현이 된다.
- 구어체와 문어체 둘 다 사용할 수 있다.
- 「する」의 경우 「するべき」「すべき」 두 가지를 사용할 수 있다.

1	A：行こうかどうか迷っているんだ。 B：いや、絶対に行くべきだよ。	A：갈지 말지 고민 중이야. B：아니야, 꼭 가야 해.
2	A：もうやめたいんです。 B：ちゃんと最後までやるべきだと思うよ。	A：이제 그만두고 싶어요. B：끝까지 제대로 해야 한다고 생각해.
3	A：ざまあみろ。いい気味だ。 B：そういうことは、言うべきじゃないよ。	A：꼴 좋다. 고소하군. B：그런 말 하는 것 아니야.

6 ～がち ~마련

「○○すべきだ」という話になりがちだ。

'~해야 한다'는 이야기가 되기 마련이다. (경향)

「명＋がち」「동(연용형)＋がち」

- '(의도하지 않았는데) 그렇게 된다'는 의미로 사용한다.
- 부정적인 의미를 내포하는 동사에 붙는 경우가 많다.
- 「どうしても(아무리 하여도)」「つい(무심코)」「うっかり(깜빡)」와 같은 부사와 「～てしまう(~해 버리다)」와 같은 보조동사를 함께 사용하는 경우가 많다.

1	彼女に電話すると、どうしても長電話になりがちだ。	그녀에게 전화하면 통화가 꼭 길어지고 만다.
2	このところ、鈴木さんは会社を休みがちだ。	요즘 스즈키씨는 회사를 자주 쉰다.
3	外食すると、いつもより多く食べてしまいがちだ。	외식하면 평소보다 과식하기 마련이다.

제9과 칭찬

제2강 오늘 발표 좋더라

清水　今日の発表良かったよ。さすが阿部さん。

阿部　ありがとう。私としては、もう少し内容を付け加えたかったんだけどね。

清水　僕も阿部さんみたいにがんばらないとな。あれだけの準備をするとなると、かなりの時間がかかったんじゃない？

阿部　そうだね。一ヶ月はかかったよ。

清水　本当？僕も発表に向けて準備を始めなくちゃ。
分からない所があったら、聞いてもいいかな？

阿部　うん。私に分かる範囲で良ければ、何でも聞いて。

시미즈　오늘 발표 좋더라. 역시 아베씨야.

아 베　고마워. 내 입장에서는 내용을 좀 더 추가하고 싶었는데.

시미즈　나도 아베씨처럼 열심히 해야지.
그 정도로 준비하려면 꽤 많은 시간을 들였겠는 걸?

아 베　아무래도 그렇지. 한 달은 걸린 것 같아.

시미즈　정말? 나도 발표를 위해서 준비를 시작해야겠다.
모르는 부분이 있으면 물어봐도 될까?

아 베　응, 내가 알만한 것이라면 뭐든지 물어봐.

어휘 학습

단어	예문
発表(はっぴょう)	合格者(ごうかくしゃ)を発表(はっぴょう)する。
(명)발표	합격자를 발표하다.
さすが	さすがベテランだ。
(부)역시, 과연	역시 베테랑이다.
もう	もう一杯(いっぱい)下(くだ)さい。
(부)곧, 이미, 더, 머지않아, 벌써	한 잔 더 주세요.
少(すこ)し	ごはんを少(すこ)しだけ食(た)べる。
(부)조금, 좀	밥을 조금만 먹다.
内容(ないよう)	本(ほん)の内容(ないよう)をまとめる。
(명)내용	책의 내용을 정리하다.
付(つ)け加(くわ)える	説明(せつめい)を付(つ)け加(くわ)える。
(동)덧붙이다, 첨가하다	설명을 덧붙이다.
がんばる	チームのためにがんばる。
(동)버티다, 분발하다	팀을 위해서 힘내다.
かなり	かなり時間(じかん)がかかる。
(부)제법, 꽤, 상당히	꽤 시간이 걸리다.
かかる	この本(ほん)を書(か)くのに三年(さんねん)かかった。
(동)걸리다	이 책을 쓰는 데 3년 걸렸다.
僕(ぼく)	僕(ぼく)がやるよ。
(대명)(남자의 자칭) 나	내가 할게.
所(ところ)	彼(かれ)にもいい所(ところ)がある。
(명)곳, 데, 부분, 점	그에게도 장점이 있다.
範囲(はんい)	試験(しけん)の範囲(はんい)を決(き)める。
(명)범위	시험범위를 정하다.
何(なん)でも	彼(かれ)は何(なん)でも知(し)ったかぶりをする。
무엇이든지, 뭐든지	그는 무엇이든지 아는 체한다.

문형해설 & 문형연습

1 ~としては ~로서는/~입장에서는

私としては、もう少し内容を付け加えたい。

내 입장에서는 좀 더 내용을 추가하고 싶다. (입장·관점)

「명＋としては」

- 인물이나 조직을 나타내는 명사에 붙어 '그 입장/관점에서 말하면/생각하면'이라는 의미를 나타낸다.
- 정중한 표현으로는「～としましては」「～といたしましては」가 있다.

1	私としては、賛成できません。	제 입장에서는 찬성할 수 없습니다.
2	政府としては、全力を尽くします。	정부로서는 최선을 다하겠습니다.
3	A：彼、ひどいと思わない？ B：彼としては、ああするしか方法がなかったんだよ。	A：걔 너무한 것 같지 않아? B：그로서는 저럴 수 밖에 없었을 거야.

2 ～みたいに ~처럼

僕も阿部さんみたいにがんばろう。

나도 아베씨처럼 열심히 해야지. (예시)

「명＋みたいに」

- 예시를 들 때 사용하며, 정중하게 말할 때는「～のような」「～のように」와 같은 표현을 사용한다.
- 「명＋みたいな＋명」 형태로도 많이 사용한다.

  예) ぬいぐるみみたいな子犬(인형 같은 강아지)
- 「명＋みたいだ」는 '~같다'는 의미이다. (27쪽 참고)

1	A：佐藤さんって、ネイティブみたいに英語がペラペラだよね。 B：うん。ほんと、ネイティブみたいだよね。	A： 사토씨는 원어민처럼 영어를 잘해. B： 응, 정말 원어민 같아.
2	A：桜ちゃんって、お人形さんみたいにかわいいよね。 B：うん。ほんと、お人形さんみたいだよね。	A： 사쿠라는 인형처럼 귀여워. B： 응, 정말 인형 같아.
3	A：ここから見ると、家も車もみんなおもちゃみたいに見えるね。 B：うん。ほんと、おもちゃみたいだよね。	A： 여기서 보면 집도 차도 다 장난감처럼 보여. B： 응, 정말 장난감같네.

3 ～ないと ~해야지

僕もがんばらないと。

나도 열심히 해야지. (의지·충고)

「명/な형어간 + でないと」「い형어간 + くないと」「동(ない형) + と」

- 원래는 뒤에 「いけない(좋지 않다)」「だめだ(안 된다)」가 오지만 여기서는 생략되어 있다.
- 본인 의지를 표현하거나 상대방에게 충고할 때 사용한다.
- 「なくてはいけない」「なければいけない」와 비슷한 의미인데 주로 구어체에서 사용한다.

1	まだこんなにあるよ。早く終わらせないと。	아직도 이렇게 많이 남았어. 빨리 끝내야지.
2	A：あと十分しかない。急がないと。 B：はい。	A：이제 10분밖에 안 남았어. 서둘러야지. B：네.
3	A：また間違えてるよ。気をつけないと。 B：はい。すみません。	A：또 틀렸어. 조심해야지. B：네, 죄송합니다.

4 ~となると ~하려면/하게 되면

あれだけの準備をするとなると、かなりの時間がかかる。

그 정도로 준비하려면 꽤 많은 시간이 걸릴 것이다.(추론)

「명/な형/い형/동(보통형) + となると」「명 + (である)となると」

- '~할 경우' '~라면'이라는 의미로 사실, 가정 모두 사용할 수 있기 때문에 문맥에 따라 판단해야 한다.
- 가정일 경우「もし(만약)」「かりに(설사)」를 함께 사용하는 경우가 많다.

<table>
<tr><td>1</td><td>A：旅行じゃなくて、留学がしたいの。
B：うーん。留学するとなると、
かなりお金がかかると思うよ。</td><td>A：여행이 아니라 유학을 가고 싶어.
B：음, 유학갈거라면 돈이 꽤 들 텐데.</td></tr>
<tr><td>2</td><td>A：山田さん、会社辞めるんだって。
B：えっ、山田さんが辞めるとなると、
あのプロジェクトはどうなるんだろう。</td><td>A：야마다씨 회사 그만둔대.
B：앗, 야마다씨가 그만두면 그 프로젝트는 어떻게 되는 거지?</td></tr>
<tr><td>3</td><td>A：今度の出張は、一泊二日で行くらしいよ。
B：えっ、一泊二日となると、
着替えが必要になるな。</td><td>A：이번 출장은 1박2일로 간다고 하더라고.
B：그래? 1박2일이면 갈아입을 옷이 필요하겠네.</td></tr>
</table>

5 ～にむけて ~를 위해서

発表に向けて準備を始める。

발표를 위해서 준비를 시작하다. (목표)

「명＋にむけて」

- '어떤 일을 목표로 삼아'라는 의미로, 뒤에는 행위를 나타내는 표현이 온다.

1	運動会に向けて練習を始める。	운동회를 위해 연습을 시작하다.
2	試験に向けて勉強を始める。	시험을 위해 공부를 시작하다.
3	結婚式に向けてダイエットを始める。	결혼식을 위해 다이어트를 시작하다.

6 ～はんいで ~범위에서/~수준에서

私に分かる範囲で良ければ、何でも聞いて。

내가 알만한 것이라면 뭐든지 물어봐. (범위)

「명＋のはんいで」「명＋から、명＋のはんいで」「동(기본형)＋はんいで」

- 어떤 한정된 범위나 수준을 나타내는 말이다.

1	できる範囲でやってみる。	가능한 범위 내에서 해보다.
2	分かる範囲で答える。	아는 선에서 대답하다.
3	無理のない範囲で体を動かす。	무리하지 않는 선에서 몸을 움직이다.

제10과 희망

제1강 지갑 만이라도 찾았으면 좋겠다

제2강 역사학을 공부하고 싶어

제10과 희망

제1강 지갑 만이라도 찾았으면 좋겠다

吉田(よしだ)　実(じつ)はお財布(さいふ)を落(お)としちゃったんです。

小林(こばやし)　えっ、そうなの？警察(けいさつ)には届(とど)けた？

吉田(よしだ)　はい。気(き)づいてすぐに届(とど)けたんですけど、
まだ連絡(れんらく)がないんです。

小林(こばやし)　そう…。

吉田(よしだ)　まさか自分(じぶん)がなくすとは思(おも)いませんでした。
ほんと、気(き)をつけるにこしたことはないですね…。

小林(こばやし)　そうだね。

吉田(よしだ)　もうあきらめるしかないんでしょうか。

小林(こばやし)　うーん。お財布(さいふ)だけ戻(もど)って来(く)ることはあるらしいけど
ね…。

吉田(よしだ)　あー、せめてお財布(さいふ)だけでも戻(もど)って来(こ)ないかな。

요시다	사실 지갑을 잃어버렸어요.
고바야시	그래? 경찰에 신고는 했어?
요시다	네, 알아 차리고 나서 바로 신고했는데 아직 연락이 없네요.
고바야시	그렇구나….
요시다	설마 제가 지갑을 잃어버릴 줄은 몰랐어요…. 정말이지, 조심하는 게 상책이네요.
고바야시	그렇지.
요시다	이제 포기할 수 밖에 없을까요?
고바야시	음, 지갑만 돌아오는 경우가 있다고는 하던데….
요시다	아, 하다못해 지갑만이라도 찾았으면 (좋겠는데).

어휘 학습

단어	예문
財布(さいふ)	財布(さいふ)を盗(ぬす)んで逃(に)げる。
(명)지갑	지갑을 훔쳐 달아나다.
落(お)とす	命(いのち)を落(お)とす。
(동)분실하다, 잃다, 떨어뜨리다	생명을 잃다.
警察(けいさつ)	彼(かれ)は警察(けいさつ)に調(しら)べられた。
(명)경찰	그는 경찰조사를 받았다.
届(とど)ける	警察(けいさつ)に届(とど)ける。
(동)(관청 등에)신고하다, 배달하다	경찰에 신고하다.
まさか	まさか死(し)ぬことはないだろう。
(부)설마	설마 죽지는 않겠지.
戻(もど)って来(く)る	家(いえ)に戻(もど)って来(く)る。
(동)돌아오다	집으로 돌아오다.

문형해설 & 문형연습

1 まさか~とはおもわなかった 설마 ~할 줄은 몰랐다

まさか自分がなくすとは思わなかった。

설마 내가 지갑을 잃어버릴 줄은 몰랐다. (예상외)

「まさか + 명/な형어간 + だとはおもわなかった」

「まさか + い형/동(보통형) + とはおもわなかった」

- 예상치 못했던 일이 생긴 것에 대한 놀라움을 나타낸다.
- 구어체에서는 「まさか(설마)」만 사용할 때도 있다.

1	A：昨日のドラマ見た？ B：うん。まさか彼が犯人だとは思わなかった。	A：어제 드라마 봤어? B：응, 설마 그가 범인일 거라고는 생각도 못 했어.
2	A：昨日、チョ・インソン見たんだって？ B：うん。まさか実物があんなにかっこいいとは思わなかった。	A：어제 조인성 봤다면서? B：응, 설마 실물이 그 정도로 잘 생겼을 줄은 몰랐어.
3	A：なんであんな嘘を言ったの？ B：いや。まさか彼女が本気にするとは思わなかったんだ。	A：왜 그런 거짓말을 했어? B：아니, 설마 그녀가 믿을 거라고는 생각도 못 했어.

2 ~にこしたことはない ~보다 더 좋은 것은 없다

気をつけるにこしたことはない。

조심하는 게 상책이다. (당연)

「명 + であるにこしたことはない」「な형어간 + (である)にこしたことはない」

「い형/동(기본형) + にこしたことはない」

- 「~ほうがいい(~하는 편이 낫다)」라는 의미이며, 상식적으로 당연한 것에 대해 사용한다.

1	健康であるにこしたことはない。	건강한 게 최고다.
2	トラブルはないにこしたことはない。	문젯거리는 없는 게 제일이다.
3	お金はあるにこしたことはない。	돈은 있는 게 (없는 것보다) 낫다.

3 ～しかない ~할 수 밖에 없다

もうあきらめるしかない。

이제 포기할 수 밖에 없다. (한정)

「동(기본형) + しかない」

- 「そうするだけだ(그렇게 해야한다)」라는 의미로, 다른 방법이나 가능성이 없어서 이 방법 밖에 없다고 말할 때 사용하는 경우가 많다.

1	A：なんか最近(さいきん)せきが止(と)まらないんだ。 B：うーん。タバコをやめるしかないね。	A：이유를 모르겠는데 최근 기침이 멈추질 않아. B：음, 담배를 끊을 수 밖에 없겠네.
2	A：もう電車(でんしゃ)ないみたい。 B：じゃあタクシーで帰(かえ)るしかないね。	A：이제 전철 안 다니는 것 같아. B：그럼 택시를 타고 갈 수 밖에 없겠네.
3	A：コンピューターが動(うご)かなくなっちゃったの。 B：じゃあ修理(しゅうり)に出(だ)すしかないね。	A：컴퓨터가 작동하지 않아. B：그럼 수리를 맡길 수 밖에 없겠네.

4 ～ことがある ~경우가 있다

お財布(さいふ)だけ戻(もど)って来(く)ることがある。

지갑만 돌아오는 경우가 있다. (가능성)

「동(기본형/ない형) + ことがある」

- 가끔 그런 일이 생긴다는 의미로, 빈번하게 일어나는 경우에는 사용할 수 없다.

1	二人(ふたり)は仲(なか)が良(よ)いが、時々(ときどき)けんかをすることがある。	둘은 사이가 좋지만 가끔 싸우기도 한다.
2	夏(なつ)は、突然雨(とつぜんあめ)が降(ふ)ってくることがある。	여름에는 갑자기 비가 올 때가 있다.
3	忙(いそが)しい時(とき)は食事(しょくじ)にも行(い)けないことがある。	바쁠 때는 식사하러 못가는 경우도 있다

5 せめて~だけでも 최소한 ~만이라도

せめてお財布(さいふ)だけでも戻(もど)って来(き)てほしい。

하다못해 지갑만이라도 찾았으면 좋겠다. (한정)

「せめて + 명 + だけでも」

- '(부족하지만) 그 정도만이라도'라는 의미이다.

1	せめて声(こえ)だけでも聞(き)きたい。	하다못해 목소리만이라도 듣고 싶다.
2	せめてお名前(なまえ)だけでも教(おし)えてくれませんか。	이름만이라도 알려주시겠어요?
3	せめて一晩(ひとばん)だけでも泊(と)めてくれませんか。	하루만이라도 좋으니 재워주시겠어요?

6 ~ないかな(あ) ~했으면 (좋겠다)

お財布(さいふ)だけでも戻(もど)って来(こ)ないかな。

지갑 만이라도 찾았으면 (좋겠다). (희망)

「동(ない형) + かな(あ)」「동(가능 부정형) + かな(あ)」「동(て형) + くれないかな(あ)」

- 동작, 변화, 존재를 나타내는 동사 혹은 가능 부정형과 함께 사용하며 희망, 기대, 바람을 나타낸다.
- 혼잣말처럼 자신의 희망사항을 말할 때 사용한다.
- 비슷한 표현으로는「かしら」가 있으며, 주로 여성이 사용한다.
  예) 私(わたし)も連(つ)れていってくれないかしら。(나도 데려가줬으면 좋겠다.)

1	早(はや)く二学期(にがっき)が終(お)わらないかな。	빨리 2학기가 끝났으면 (좋겠다).
2	私(わたし)にも素敵(すてき)な彼氏(かれし)ができないかな。	나한테도 멋진 남자친구가 생겼으면 (좋겠다).
3	宝(たから)くじが当(あ)たってくれないかな。	복권이 당첨됐으면 (좋겠다).

제10과 희망

제2강 역사학을 공부하고 싶어

阿部　清水くん、大学院に進学するんだって？何を専攻するの？

清水　歴史学を勉強したいから、
歴史学科に行こうと思っているんだ。

阿部　あれっ。清水くんって政治学専攻じゃなかったっけ？

清水　政治学科だからといって、
政治学しか勉強しないわけじゃないよ。
今も政治史とか思想史とかを勉強しているんだけど、
政治学の勉強でもあり、歴史学の勉強でもあるんだ。

阿部　へえ。そうなんだ。
政治学にしても、歴史学にしてもなんだか難しそう。

아 베　시미즈씨, 대학원에 진학한다면서? 무엇을 전공할거야?

시미즈　역사학을 공부하고 싶어서 사학과에 가려고 생각 중이야.

아 베　어? 시미즈씨 정치학 전공하지 않았어?

시미즈　정치학과라고 해서 정치학만 공부하는 건 아냐.
지금도 정치사라든지 사상사를 배우고 있는데
정치학 공부이기도 하면서 역사학 공부이기도 해.

아 베　그렇구나. 정치학이든 역사학이든 왠지 어려울 것 같아.

어휘 학습

단어	예문
だいがくいん 大学院	だいがくいん　しんがく 大学院に進学する。
(명)대학원	대학원에 진학하다.
せんこう 専攻	きょういくがく　せんこう 教育学を専攻する。
(명)전공	교육학을 전공하다.
れきしがく 歴史学	れきしがく　せんこう 歴史学を専攻する。
(명)역사학	역사학을 전공하다.
がっか 学科	けんちくがっか 建築学科
(명)학과	건축학과
せいじがく 政治学	せいじがく　べんきょう 政治学を勉強する。
(명)정치학	정치학을 공부하다.
せいじし 政治史	みんしゅしゅぎ　せいじし 民主主義の政治史
(명)정치사	민주주의 정치사
しそうし 思想史	だいがく　しそうし　まな 大学で思想史を学ぶ。
(명)사상사	대학교에서 사상사를 배우다.

문형해설 & 문형연습

1 ～たい ~하고 싶다

歴史学を勉強したい。

역사학을 공부하고 싶다. (욕구·희망)

「동(연용형) + たい」

- 화자의 욕구, 희망을 나타내는 표현이다.
- **い**형용사처럼 활용한다.
  예) 「もっと食べたかった(더 먹고 싶었다)」
  「会いたければ、会いに行けばいい(보고 싶으면 보러 가면 된다)」
- 「～たいんです」「～たいと思っています」를 사용하면 직접적인 언급을 피할 수 있다.
- 제3자의 욕구를 표현할 수 없으며, 제3자의 욕구를 말할 때는 '~하고 싶어하다'라는 의미의 「～たがる」「～たいらしい」「～たいようだ」를 사용해야 한다.
- 정중하게 물을 때는 「～したいですか(~하고 싶습니까?)」보다는 「～しますか(~하겠습니까?)」「～するのはいかがですか(~하는 게 어떻습니까?)」를 사용하는 것이 좋다.

1	髪の毛を切りたい。	머리를 자르고 싶다.
2	どこかに旅行に行きたい。	어딘가 여행가고 싶다.
3	日本語の先生になりたい。	일본어 선생님이 되고 싶다.

2 ～からといって ~라고 해서

政治学科だからといって、政治学しか勉強しないわけじゃない。

정치학과라고 해서 정치학만 공부하는 것은 아니다. (부분부정)

「명/な형/い형/동(보통형) + からといって」

- 「XだからといってY」는'X라고 해서 당연히 Y가 성립되는 것은 아니다' 라는 의미로, 화자의 판단을 언급하거나 비판할 때 사용한다.
- 주로 뒤에 부정표현이 이어지며, 특히 부분 부정표현을 사용하는 경우가 많다.

1	子どもだからといって馬鹿にしてはいけない。	어린 아이라고 해서 깔보면 안 된다.
2	電話が来ないからといって、がっかりすることはない。	전화가 안 온다고 해서 낙담할 필요는 없다.
3	イギリスに住んでいたからといって、みんな英語が上手なわけではない。	영국에 살았다고 해서 다 영어를 잘하는 것은 아니다.

3 ～しか～ない ~밖에 ~하지 않다

政治学しか勉強しない。

정치학만 공부한다. (한정)

「명 + しか～ない」

- 부정표현과 함께 사용하며, 하나의 예를 들어서 다른 예를 제외시킬 때 사용한다.
- 강조표현은「～だけしか～ない」이다.

1	私はワインしか飲まない。	나는 와인밖에 안 마신다.
2	日曜日しか空いていない。	일요일밖에 시간이 없다.
3	あなたにしか言えない。	너에게 밖에 말할 수 없다.

4 ～とか～とか ~라든지/~라든가

政治史とか思想史とかを勉強している。

정치사라든지 사상사를 공부하고 있다. (열거)

「명 + とか、명 + とか」

- 사람과 물건에 붙여 비슷한 예를 들 때 사용한다.
- 구어체 표현이며, 문어체로는 「～や」를 사용한다.

1	A：何食べようか。 B：そうだね。ピザとかパスタ(とか)はどう？	A：뭘 먹을까? B：글쎄, 피자라든지 파스타는 어때?
2	A：誰にお願いしたらいいかな？ B：山田さんとか橋本さん(とか)にお願いしてみたら？	A：누구한테 부탁하는 게 좋을까? B：야마다씨라든가 하시모토씨에게 부탁해보는 건 어때?
3	A：えっ、エビ食べられないの？ B：うん。エビとかカニ(とか)はだめなの。	A：어, 새우 못 먹어? B：응, 새우라든지 게는 못 먹어.

5 ～でもあり～でもある ~이기도 하고 ~이기도 하다

政治学の勉強でもあり、歴史学の勉強でもある。

정치학 공부이기도 하고 역사학 공부이기도 하다. (동시)

「명/な형어간 + でもあり、명/な형어간 + でもある」
「い형어간 + くもあり、い형어간 + くもある」

- 「Xでもあり、Yでもある」 형태로 'X인 것과 Y인 것이 동시에 성립된다'는 의미이다.

1	頑固なところが長所でもあり、短所でもある。	고집이 센 게 장점이기도 하면서 단점이기도 하다.
2	彼は芸術家でもあり、科学者でもある。	그는 예술가이면서 과학자이기도 하다.
3	娘の結婚は親としてうれしくもあり、さびしくもある。	딸의 결혼은 부모로서 기쁘기도 하면서 섭섭하기도 하다.

6 ～にしても～にしても ~든(지) ~든(지)

政治学(せいじがく)にしても、歴史学(れきしがく)にしてもなんだか難(むずか)しそう。

정치학이든 역사학이든 왠지 어려울 것 같다. (예외 없음)

「명/な형/い형/동(보통형) + にしても、명/な형/い형/동(보통형) + にしても」

- 유사한 것 혹은 반대되는 것을 예로 들어서 '그 어느 쪽일지라도'라는 의미로 사용하며, 어느 경우도 예외가 아님을 나타낸다.

1	文系(ぶんけい)に進学(しんがく)するにしても、理系(りけい)に進学(しんがく)するにしても、英語(えいご)は必要(ひつよう)だ。	문과로 진학하든 이과로 진학하든 영어는 필수다.
2	出席(しゅっせき)するにしても欠席(けっせき)するにしても、連絡(れんらく)はしなければならない。	출석하든 결석하든 연락은 꼭 해야 한다.
3	論文(ろんぶん)を書(か)くにしても、発表(はっぴょう)をするにしても、十分(じゅうぶん)なデータがなければならない。	논문을 쓰든 발표를 하든 충분한 데이터가 있어야 한다.

제11과 거절

제1강 말씀하신 프로젝트를 우선하는 게 나을까요?

제2강 아직 일이 안 끝나서 가고 싶어도 갈 수가 없어

제11과 거절

제1강 말씀하신 프로젝트를 우선하는 게 나을까요?

渡辺　小林さん、森さんのかわりに、
ちょっとこのプロジェクトを担当してくれないかな。

小林　あのう、実は他のプロジェクトも担当しているんですけど、このプロジェクトを優先したほうがいいでしょうか。

渡辺　あ、そっか。そっちも担当してたよね。
いつ終わるんだったっけ？

小林　えーっと、計画通りに行けば、
12月末には終わるはずです。

渡辺　そうか。それじゃ、スケジュールを調整せざるをえないな。実はこのプロジェクトも12月末までには終わらせないといけなくてね。

小林　そうですか。

渡辺　まあ一応、部長ともう一度話し合った上で、どうするか決めることにするよ。

小林　はい。分かりました。

와타나베　고바야시씨, 모리씨를 대신해서 이 프로젝트 맡아 줄래?
고바야시　저, 사실 제가 다른 프로젝트도 담당하고 있는데
말씀하신 프로젝트를 우선하는 게 나을까요?
와타나베　아, 맞다. 그 쪽도 담당하고 있었지. 언제 끝나는 거였지?
고바야시　글쎄요, 계획대로 진행되면 12월 말에는 끝날 거예요.
와타나베　그렇구나. 그렇다면 일정을 조정할 수 밖에 없겠네.
이 프로젝트도 12월말까지는 끝내야 해서 말이야.
고바야시　그렇군요.
와타나베　일단 부장님과 다시 한번 의논해본 다음에, 어떻게 할지 결정하도록 할게.
고바야시　네, 알겠습니다.

어휘 학습

단어	예문
プロジェクト	新(あたら)しいプロジェクトが立(た)ち上(あ)がる。
(명)프로젝트, 기획	새로운 프로젝트가 시작되다.
担当(たんとう)	会計(かいけい)を担当(たんとう)する。
(명)담당	회계를 담당하다.
あのう	あのう、ちょっとお聞(き)きしたいんですが。
(감)저, 저어, 저기	저기, 묻고 싶은 게 있는데요.
実(じつ)は	実(じつ)はすっかり忘(わす)れていた。
(부)실은, 사실은	실은 까맣게 잊고 있었다.
他(ほか)	他(ほか)の人(ひと)に聞(き)いてみて下(くだ)さい。
(명)다른 것, 딴 것	다른 사람에게 물어 보세요.
優先(ゆうせん)	優先順位(ゆうせんじゅんい)を決(き)める。
(명)우선	우선순위를 정하다.
そっち	そっちへ行(い)っちゃ駄目(だめ)だ。
(대)그 쪽, 그 곳, 거기	그 쪽으로 가면 안 돼.

단어	예문
いつ	それはいつのことですか。
(대)언제, 어느 때	그것은 언제 일입니까?
終わる	仕事が終わる。
(동)끝나다	일이 끝나다.
計画	計画を実行する。
(명)계획	계획을 실행하다.
末	今月末
(명)말	이번 달 말
予定	びっしり予定がつまっている。
(명)예정, 일정	일정이 꽉 차 있다.
進める	会議を進める。
(동)앞으로 나아가게하다, 진행하다, 진척시키다	회의를 진행하다.
スケジュール	旅行のスケジュールを立てる。
(명)스케줄, 시간표, 일정	여행일정을 세우다.
調整	意見の調整をはかる。
(명)조정	의견조정을 꾀하다.
一応	一応そこまで行ってみよう。
(부)우선, 일단	일단 거기까지 가보자.
部長	部長に報告する。
(명)부장	부장님께 보고하다.
話し合う	話し合って決める。
(동)서로 이야기하다, 의논하다	의논해서 정하다.

문형해설 & 문형연습

1 ～かわりに ~대신해

森さんのかわりに、プロジェクトを担当する。

모리씨를 대신해서 프로젝트를 맡다. (대리·대용)

「명＋のかわりに」「동(기본형)＋かわりに」

- 「X(の)かわりにY」는 X와 같은 기능, 역할을 하는 Y를 제시해 '예정되었던 X를 대신해 Y' 또는 '평소의 X 대신에 Y'라는 의미가 되며, 일시적으로 대신할 때 사용한다.

1	今日は林さんのかわりに私が会議に出席します。	오늘은 하야시씨를 대신해 제가 회의에 참석합니다.
2	野菜を食べるかわりに野菜ジュースを飲む。	야채를 먹는 대신 야채주스를 마시다.
3	年賀状を送るかわりに、メールを送った。	연하장 대신 메일을 보냈다.

2 ～どおり ~대로

計画通りに行けば、12月末には終わる。

계획대로 진행되면 12월말에는 끝난다. (동일)

「명＋どおり」「동(연용형)＋どおり」

- 「予定(예정)」「計画(계획)」「命令(명령)」「指示(지시)」와 같은 명사 혹은 「思う(생각하다)」「考える(생각하다)」와 같은 사고동사의 연용형과 연결되어 '~대로'라는 의미를 나타낸다.
  예) 命令どおり(명령대로) / 時間どおり(시간에 맞게) / 想像どおり(상상대로)
  考えどおり(생각한 대로) / 希望どおり(원하는 대로)

1	部長の指示どおりに動く。	부장님의 지시대로 움직이다.
2	頑張っているのに、仕事が予定どおりに進まない。	열심히 하고 있는데도 일이 예정대로 진행되지 않는다.
3	人生というのは、思いどおりにならないものだ。	인생이란 생각대로 되지 않는 법이다.

3 ～はずだ ~할 것이다

12月末には終わるはずだ。

12월말에는 끝날 것이다. (판단)

「명/な형/い형/동(보통형) + はずだ」「명 + のはずだ」「な형어간 + なはずだ」

- '~임이 확실하다/분명하다'는 의미로 당연하다고 생각하는 것을 말할 때 사용하며, 논리적으로 설명할 수 있는 판단근거가 있을 때 사용한다.
- 제3자의 행동과 관련해서 사용할 수 있지만, 본인의 행동과 관련해서는 사용할 수 없다.
- 본인의 행동에 관하여 말할 때는「～つもりだ(~할 작정이다)」「～ようと思う(~하려고 생각하다)」「～予定だ(~할 예정이다)」를 사용한다. (58쪽, 106쪽 참고)

1	A：会議は何時からですか。 B：一時に始まるはずだけど…。	A：회의는 몇 시부터예요? B：한 시에 시작할 텐데….
2	A：あのう、資料が見つからないんですが…。 B：机の上にあるはずだよ。	A：저기 자료를 찾지 못하겠는데요…. B：책상 위에 있을 거야.
3	A：この話、山田さんも知っているんですか。 B：いや。山田さんはまだ知らないはずだ。	A：이 이야기 야마다씨도 아시나요? B：아니, 야마다씨는 아직 모를거야.

4 ～ざるをえない ~할 수 밖에 없다

スケジュールを調整せざるをえない。

일정을 조정할 수 밖에 없다. (불가피)

「동(미연형) + ざるをえない」

- 그렇게 할 수 밖에 없다는 의미로, 어떤 압력이나 절박한 상황으로 인해 본의 아니게 그렇게 행동하게 될 때 사용한다.
- 「동(미연형) + ない」의「ない」부분을「ざる」로 바꾸면 된다.
- 단,「する」의 경우는「せざるをえない」가 된다.
- 「동(기본형) + ほかない(~할 수밖에 없다)」로 바꿔 말할 수 있다.
- 일상적인 대화에서보다 문어체에서 주로 사용하는 딱딱한 표현이다.

1	重要(じゅうよう)な会議(かいぎ)があるので、会社(かいしゃ)に行(い)かざるをえない。	중요한 회의가 있어서 회사로 갈 수 밖에 없다.
2	先輩(せんぱい)に頼(たの)まれた仕事(しごと)なので、やらざるをえない。	선배가 부탁한 일이라 할 수 밖에 없다.
3	天気(てんき)が悪(わる)ければ、明日(あした)の登山(とざん)はあきらめざるをえない。	날씨가 안 좋으면 내일 등산은 포기할 수 밖에 없다.

5 ～までに ~까지는

12月末(がつまつ)までには終(お)わらせる。

12월말까지는 끝내다. (기한)

「명 + までに」「동(기본형) + までに」

- 시간을 나타내는 명사 혹은 어떤 일이 발생한다는 의미를 가진 동사에 연결되어 동작의 기한, 마감을 나타낸다.
- 뒤에 행동, 상태를 나타내는 표현을 사용해, 기한이 오기 전에 행동이 이루어지거나 그 상태가 됨을 나타낸다.
- 「○○まで～する」는 동작이나 상태가 OO시점까지 계속된다는 것을 의미하고, 「○○までに～する」는 OO시점까지 어떤 행동을 하겠다는 의미이다. 따라서 「までに～する」는 어떤 일이 계속된다는 의미로는 사용할 수 없다.

1	来週(らいしゅう)の土曜日(どようび)までに、課題(かだい)を提出(ていしゅつ)して下(くだ)さい。	다음주 토요일까지는 과제를 제출하세요.
2	明日(あした)までに、仕事(しごと)を終(お)わらせる。	내일까지는 일을 끝내겠다.
3	夏休(なつやす)みが終(お)わるまでに、宿題(しゅくだい)を全部(ぜんぶ)やる。	여름방학이 끝날 때까지는 숙제를 다 하겠다.

6 ～うえで ~한 다음에

もう一度話し合った上で決める。

다시 한번 의논해본 다음에 결정하다. (필요조건)

「동(た형) + うえで」

- 「XたうえでY」는 ‘X를 한 다음에 Y를 한다’는 의미로, Y 부분에는 X를 한 결과에 따라 다음 행동을 하겠다는 의미의 문장이 온다.

1	もう一度考えた上で、返事をします。	다시 한번 생각해본 다음에 답변을 드리겠습니다.
2	親と相談した上で、進路を決める。	부모님과 상의한 다음에 진로를 정하다.
3	もう一度検査をした上で、手術の日程を決める。	다시 한번 검사를 한 다음에 수술일정을 잡다.

제11과 거절

제2강 아직 일이 안 끝나서 가고 싶어도 갈 수가 없어

吉田(よしだ)　ねえねえ、今(いま)からご飯(はん)でも行(い)かない？

森(もり)　あ、ごめん。まだ仕事(しごと)が終(お)わってないから、帰(かえ)ろうにも帰(かえ)れないんだ。

吉田(よしだ)　そうなの？でもご飯(はん)も食(た)べないで残業(ざんぎょう)するのはちょっときついんじゃない？

森(もり)　うん。それはそうなんだけど、時間(じかん)ももったいないし…。

吉田(よしだ)　だったら外出(がいしゅつ)するついでに何(なに)か買(か)って来(き)てあげるよ。

森(もり)　えっ、いいの？

吉田(よしだ)　うん。駅前(えきまえ)のお弁当屋(べんとうや)さんのからあげ弁当(べんとう)でいい？

森(もり)　わーっ、うれしいな。あそこのからあげ、あげたてでおいしいんだよね。

吉田(よしだ)　私(わたし)はからあげ弁当(べんとう)よりも、ハンバーグ弁当(べんとう)の方(ほう)が好(す)き。

요시다　저기, 지금 밥 먹으러 안 갈래?

모 리　아, 미안. 아직 일이 안 끝나서 가고 싶어도 갈 수가 없어.

요시다　그래? 그래도 밥도 안 먹고 야근하기 힘들지 않겠어?

모 리　응, 그건 그런데 시간도 아깝고….

요시다　그럼 내가 나가는 김에 뭐 좀 사다줄게.

모 리　어, 그래도 괜찮아?

요시다　응, 역 앞 도시락가게에서 파는 닭튀김 도시락 어때?

모 리　와, 고마워. 거기 닭튀김 갓 튀긴 거라 맛있더라.

요시다　난 닭튀김 도시락 보다 햄버그스테이크 도시락이 더 맛있더라.

어휘 학습

단어	예문
残業(ざんぎょう)	八時(はちじ)まで残業(ざんぎょう)する。
(명)잔업, 야근	8시까지 야근하다.
きつい	仕事(しごと)がきつい。
(い형)고되다, 힘들다, 심하다	일이 힘들다.
もったいない	まだ使(つか)えるのに捨(す)てるなんてもったいない。
(い형)아깝다, 과분하다	아직 사용할 수 있는데 버리다니 아깝다.
外出(がいしゅつ)	父(ちち)は外出中(がいしゅつちゅう)です。
(명)외출	아버지는 외출 중이세요.
駅前(えきまえ)	駅前広場(えきまえひろば)
(명)역 앞, 역전	역 앞 광장
弁当(べんとう)	弁当(べんとう)を用意(ようい)する。
(명)도시락	도시락을 준비하다.
～屋(や)	魚屋(さかなや)
(접미)~가게, ~장수	생선가게(장수)
からあげ	からあげを作(つく)る。
(명)닭튀김, 튀김	닭튀김을 만들다.
うれしい	涙(なみだ)が出(で)るほどうれしい。
(형)기쁘다, 고맙다	눈물이 나올 만큼 기쁘다.
あそこ	あそこのコーヒーはおいしい。
(대)저기, 저쪽, 거기, 그곳	그 집 커피는 맛있다.
揚(あ)げる	えびフライを揚(あ)げる。
(동)튀기다	새우튀김을 튀기다.
ハンバーグ	ハンバーグをフライパンで焼(や)く。
(명)햄버그스테이크	햄버그스테이크를 프라이팬에 굽다.

문형해설 & 문형연습

1 ～ようにも～れない ~하고 싶어도 ~할 수 없다

仕事が終わってないから、帰ろうにも帰れない。

일이 안 끝나서 가고 싶어도 갈 수 없다. (불가능)

「동(의지형) + にも、동(가능 부정형)」

- '그렇게 하고 싶지만 못 한다' '아무리 해도 ~할 수 없다'는 의미다.
- 두 번 같은 동사를 사용하는데, 앞에는 동사의 의지형 「～よう」가 오며, 뒤에는 동사의 가능 부정형이 온다.

예) 来ようにも来れない。(오고 싶어도 올 수 없다.)
しようにもできない。(하고 싶어도 할 수 없다.)
行こうにも行けない。(가고 싶어도 갈 수 없다.)
見ようにも見れない。(보고 싶어도 볼 수 없다.)

1	人手が足りなかったので、休もうにも休めなかった。	일손이 모자라서 쉬고 싶어도 쉴 수 없었다.
2	宅急便が来ることになっていたので、出かけようにも出かけられなかった。	택배가 오기로 되어 있어서 나가고 싶어도 나갈 수 없었다.
3	お世話になっている先輩の頼みだったので、断ろうにも断れなかった。	신세를 많이 진 선배 부탁이라 거절하고 싶어도 거절할 수 없었다.

2 ～ないで ~하지 않고

ご飯も食べないで残業する。

밥도 먹지 않고 야근하다. (상황)

「동(ない형)＋で」

- 「XないでY」 형태로 동사와 함께 사용하며 'X하지 않은 상태에서 Y한다'는 의미이다.
- 문어체에서는 「XずにY」를 사용한다.
- 「XなくてY」는 잘못된 표현이다.

1	寝ないで勉強する。	자지 않고 공부하다.
2	歯みがきをしないで寝てしまう。	양치질을 하고 않고 자버리다.
3	財布を持たないで出かける。	지갑을 들지 않고 외출하다.

3 ～し ~하고

それはそうなんだけど、時間ももったいないし…。

그건 그런데 시간도 아깝고…. (결론·판단)

「문장＋し」

- 어떤 사실이나 조건을 말하려다 말음으로써 결론, 판단을 넌지시 암시할 때 사용한다.
- 일반적으로 문장을 연결할 때 사용하지만, 문장 끝에 와서 문장을 끝맺을 수도 있다.

1	A：ねえ、イタリアに行かない？ B：うーん。行きたいけど、時間もないし…。	A：이탈리아 여행 갈래? B：글쎄, 가고 싶긴 한데 시간도 없고….
2	A：彼とは結婚しないの？ B：うーん。できたらしたいけど、お金もないし…。	A：그와 결혼 안 할거야? B：글쎄, 할 수 있으면 하고 싶은데 돈도 없고….
3	A：ねえ、もう一軒行こうよ。 B：うーん。でももうこんな時間だし…。	A：자, 2차 가자. B：글쎄, 벌써 이렇게 늦은 시간이라서….

4 ～ついでに ~김에

外出(がいしゅつ)するついでに何(なに)か買(か)って来(き)てあげるよ。

나간 김에 뭐 좀 사올게. (추가)

「명 + のついで(に)」「동(기본형/た형) + ついで(に)」

- 원래 목적이었던 행위와 함께 다른 행위도 추가적으로 한다는 의미다.
- 「명 + のついで(に)」에서는 행동과 관련된 명사만 사용할 수 있다.

예) 買(か)い物(もの)のついでに(쇼핑을 하는 김에)

1	犬(いぬ)の散歩(さんぽ)のついでに、買(か)い物(もの)をしてくる。	강아지를 산책시키는 김에 장을 보고 오다.
2	髪(かみ)を切(き)ったついでに、パーマもかけてもらう。	머리를 자르는 김에 파마도 하다.
3	浅草(あさくさ)に行(い)ったついでに、スカイツリーを見(み)てきた。	아사쿠사에 간 김에 스카이트리를 구경하고 왔다.

5 ～たての/たてだ 갓 ~한

あそこのからあげ、あげたてでおいしいんだよね。

거기 닭튀김은 갓 튀긴 거라 맛있더라. (직후)

「동(연용형) + たての + 명」「동(연용형) + たてだ」

- 동사 연용형에 연결되며 「～したばかり (갓 ~한)」이라는 의미이다.
- 「～たて」와 연결할 수 있는 동사는 제한적이다.

예) できる(생기다) / 卒業(そつぎょう)する(졸업하다) / なる(되다) / 入(はい)る(들어가다)
デビューする(데뷔하다)

1	しぼりたてのリンゴジュース	갓 짜낸 사과주스
2	焼(や)きたてのパン	갓 구운 빵
3	入学(にゅうがく)したての頃(ころ)	갓 입학했을 무렵

6 ～よりも ~보다는

からあげ弁当よりも、ハンバーグ弁当の方が好きだ。

닭튀김 도시락 보다는 햄버그스테이크 도시락이 더 좋다. (비교)

「명＋よりも」

- 「ＸよりもＹのほうが〇〇だ(X보다 Y가 OO다)」「ＹはＸより〇〇だ(Y는 X보다 OO다)」처럼 X를 기준으로 Y가 어떤지를 나타낸다.
- 구어체에서는 「よりか」「それよか」를 사용할 때도 있다.

1	今年の夏は去年よりも暑かった。	올 여름은 작년보다 더웠다.
2	予想していたよりも多くの人が来てくれた。	예상했던 것 보다 많은 사람이 와주었다.
3	思ったよりも簡単な仕事だった。	생각했던 것 보다 쉬운 일이었다.

제12과 격려·위로

제1강 찾는 경우도 있다고 하니까 기운 내

제2강 이럴 때는 술 마시고 잊는 게 제일이야

제12과 격려·위로

제1강 찾는 경우도 있다고 하니까 기운 내

小林(こばやし)　あれ、吉田(よしだ)さん、元気(げんき)ないけど、どうかしたの。

吉田(よしだ)　実(じつ)は大事(だいじ)な書類(しょるい)を電車(でんしゃ)に置(お)き忘(わす)れてしまって。

小林(こばやし)　えっ、そうなの？

吉田(よしだ)　それだけでなく、携帯(けいたい)もなくしちゃったみたいなんです。

小林(こばやし)　えっ。携帯(けいたい)まで？警察(けいさつ)には届(とど)けた？

吉田(よしだ)　はい。すぐに届(とど)けました。見(み)つかり次第(しだい)、連絡(れんらく)をくれるとのことだったんですが、いまだに連絡(れんらく)がないんです。

小林(こばやし)　そうなんだ。こういう時(とき)は、連絡(れんらく)を待(ま)つよりほかに方法(ほうほう)がないからな。もう少(すこ)し待(ま)ってみようよ。

吉田(よしだ)　ええ。ただ書類(しょるい)はすぐに見(み)つかりそうなんですけど、携帯(けいたい)はちょっと難(むずか)しそうですね。

小林(こばやし)　うーん。まあ、見(み)つかる場合(ばあい)もあるっていうから、元気出(げんきだ)して。

고바야시	요시다씨 기운이 없어 보이는데 무슨 일 있어?
요시다	사실 중요한 서류를 전철에 두고 내렸어요.
고바야시	어, 정말?
요시다	그뿐만 아니라 휴대전화도 잃어버린 것 같아요.
고바야시	휴대전화까지? 경찰에 신고는 했어?
요시다	네, 바로 신고했어요. 찾는 대로 연락해준다고 했는데 아직까지도 연락이 없어요.
고바야시	그렇구나. 이럴 때는 연락을 기다릴 수 밖에 방법이 없지. 일단은 좀 기다려봐.
요시다	네, 근데 서류는 바로 찾을 수 있을 것 같은데 휴대전화는 찾기 어려울 것 같아요.
고바야시	음, 그래도 찾는 경우도 있다고 하니까 기운 내.

어휘 학습

단어	예문
元気(げんき)	元気(げんき)出(だ)して。
(명/な형)원기, 기력, 건강함, 활력이 넘침	기운 내.
大事(だいじ)	大事(だいじ)な話(はなし)がある。
(명/な형)큰일, 중요함, 소중함	중요한 이야기가 있다.
書類(しょるい)	書類(しょるい)を提出(ていしゅつ)する。
(명)서류	서류를 제출하다.
電車(でんしゃ)	電車(でんしゃ)から降(お)りる。
(명)전철, 전차	전철에서 내리다.
置(お)き忘(わす)れる	タクシーにカバンを置(お)き忘(わす)れる。
(동)놓아둔 채로 가지고 오는 것을 잊다	택시에 가방을 둔 채 내리다.
見(み)つかる	携帯(けいたい)が見(み)つかる。
(동)찾게 되다, 발견되다	휴대전화가 발견되다.
いまだに	いまだに完成(かんせい)しない。
(부)아직까지도, 아직껏	아직껏 완성되지 않다.
ただ	ただ少(すこ)し高(たか)すぎる。
(접)단, 단지, 다만	다만 좀 비싸다.
方法(ほうほう)	何(なに)かいい方法(ほうほう)はないでしょうか。
(명)방법	무엇인가 좋은 방법이 없을까요?
場合(ばあい)	あらゆる場合(ばあい)にあてはまる。
(명)경우	모든 경우에 해당되다.

문형해설 & 문형연습

1 ～だけでなく～も ~뿐만 아니라 ~도

それだけでなく、携帯もなくす。

그 뿐만 아니라 휴대전화도 잃어버리다. (부가)

「명/な형/い형/동(보통형) + だけでなく、명 + も」

- 「XだけでなくYも」 형태로 사용하며 'X, Y 모두' 'X, Y 양쪽 다'라는 의미이다.
- 구어체에서는 「～だけじゃなく～も」라고도 사용한다.

1	彼女はピアノが弾けるだけでなく、歌も歌える。	그녀는 피아노를 칠 수 있을 뿐만 아니라 노래도 부를 수 있다.
2	この家は駅から近くて便利なだけでなく、家賃も安い。	이 집은 역에서 가까워서 편리할 뿐만 아니라 집세도 저렴하다.
3	A：肉だけでなく野菜も食べなさい。 B：だって、野菜嫌いなんだもん。	A： 고기뿐만 아니라 야채도 먹어. B： 하지만 야채는 싫어한단 말이야.

2 ～しだい ~(하는) 대로

見つかり次第、連絡をくれるそうだ。

찾는 대로 연락을 준다고 한다. (직후)

「동(연용형) + しだい」

- '~하면 바로'라는 의미로, 어떤 일이 일어난 직후에 다음 행동을 한다는 의미이다.
- 「XしだいY」 형태로 사용하며, 주로 X에는 자연스럽게 일어나는 일이 들어가고, Y에는 화자의 의지로 이루어지는 행위가 들어간다.

1	定員になり次第、しめ切ります。	정원이 차는 대로 마감하겠습니다.
2	お部屋の準備ができ次第、ご案内いたします。	방이 준비되는 대로 안내해 드리겠습니다.
3	A：日程が分かり次第、ご連絡いたします。 B：よろしくお願いします。	A：일정이 확인되는 대로 연락 드리겠습니다. B：잘 부탁 드립니다.

3 ～とのこと(だ) ~한다고 한다

見つかったら連絡をくれるとのことだ。

찾으면 연락을 준다고 한다. (전달)

「문장 + とのこと(だ)」

- 다른 사람에게 들은 이야기를 전할 때 사용하며, 「だ」는 생략가능 하다.
- 「～(だ)そうだ」「～ということだ」와 같은 의미이다. (42쪽 참고)
- 「～とのことだった/でした」처럼 た형으로 문장을 끝낼 수는 있지만 부정형으로 끝낼 수는 없다.

1	二人は六月に結婚するとのことだ。	둘은 6월에 결혼한다고 한다.
2	手術は無事に終わったとのことだ。	수술은 무사히 끝났다고 한다.
3	鈴木さんは遅れるので、先に始めておいてくれとのことだ。	스즈키씨는 늦기 때문에 먼저 시작하라고 했다.

4 いまだに～ない 아직까지도 ~없다

いまだに連絡がない。

아직까지도 연락이 없다. (미완료)

「いまだに + 동(ない형)」

- 뒤에 부정표현이 오며, 원래는 어떤 일이 일어났어야 하는데 실제로 일어나지 않았음을 나타낸다.
- 기대와 현실이 어긋난 상황일 때 사용한다.
- 「まだ～ない(아직~없다)」보다 뜻밖이라는 느낌이 강하다.
- 일상적인 대화에서보다 문어체에서 주로 사용하는 딱딱한 표현이다.

1	三年前に別れた彼のことが、いまだに忘れられない。	3년 전에 헤어진 남자친구를 아직도 잊지 못하고 있다.
2	宇宙人がいるかどうかは、いまだに明らかになっていない。	외계인의 존재 여부는 아직껏 밝혀지지 않았다.
3	A：一ヶ月前に申し込んだのに、いまだに連絡が来ないんだ。 B：一度問い合わせてみたら？	A : 한달 전에 신청했는데 아직까지도 연락이 없어. B : 한 번 문의해보는 게 어때?

5 ～よりほかに～ない ~할 수 밖에 없다

連絡を待つよりほかに方法がない。

연락을 기다릴 수 밖에 방법이 없다. (한정)

「동(기본형) + よりほかに~ない」

- 뒤에 부정표현이 오며 '그 외에 없다'고 강조할 때 사용한다.
- 비슷한 표현으로 「～しか～ない(~밖에 없다)」「～以外に～ない(~이외에 없다)」가 있다.

1	車では行けないので、歩いて行くよりほかに方法がない。	차로 갈 수 없기 때문에 걸어서 갈 수밖에 방법이 없다.
2	終電が終わってしまったので、タクシーに乗るよりほかに方法がない。	막차가 끊겨서 택시를 타고 갈 수 밖에 방법이 없다.
3	面倒だけれど、一つ一つ確認するよりほかに方法がない。	귀찮지만 하나 하나 확인할 수 밖에 방법이 없다.

6 ～ばあいもある ~경우도 있다

見つかる場合もある。

찾는 경우도 있다. (가능성)

「명 + のばあいもある」「な형어간 + なばあいもある」

「い형/동(기본형/ない형) + ばあいもある」

- 어떤 상황이 일어날 가능성이 있다는 것을 말할 때 사용한다.
- '대체로 아무런 문제가 없겠지만, 예외적으로 예상치 못한 결과가 나오는 경우도 있기 때문에 미리 알려준다'는 문맥에서 사용할 때가 많다.

1	人気の商品は、品切れになる場合もある。	인기상품은 품절이 되는 경우도 있다.
2	実際に会ってみると、写真とは全く違う場合もある。	실제로 만나보면 사진과 전혀 다른 경우도 있다.
3	A：レシピ通りに作ったのに、全然おいしくないの。 B：うーん。レシピ通りに作っても、おいしくない場合もあるよ。	A：레시피대로 만들었는데 전혀 맛있지 않더라. B：음, 레시피대로 만들어도 맛없는 경우도 있더라.

제12과 격려·위로

제2강 이럴 때는 술 마시고 잊는 게 제일이야

鈴木(すずき)　どうしたの？元気(げんき)ないね。

佐藤(さとう)　分(わ)かる？実(じつ)は、おととい、彼氏(かれし)と別(わか)れてさ。

鈴木(すずき)　えっ、そうなの？大丈夫(だいじょうぶ)？

佐藤(さとう)　うん。あんまり大丈夫(だいじょうぶ)じゃないかも。彼(かれ)とよりを
戻(もど)すつもりはないんだけど、彼(かれ)のことを思(おも)い出(だ)すと、
泣(な)きたくてたまらなくなるんだよね。

鈴木(すずき)　まあ、人(ひと)によって違(ちが)うとは思(おも)うけれど、
長(なが)く付(つ)き合(あ)っていたわけだから、
忘(わす)れたくてもすぐには忘(わす)れられないと思(おも)うよ。

佐藤(さとう)　そういうもんかな。

鈴木(すずき)　うん。こういうのは、お酒(さけ)を飲(の)んで忘(わす)れるに限(かぎ)るよ。
今日(きょう)はパーッと飲(の)みに行(い)かない？

佐藤(さとう)　そうだね。そうしようかな。

스즈키	무슨 일 있어? 기운이 없어 보이네.
사　토	그래 보여? 사실 그저께 남자친구하고 헤어졌어.
스즈키	어머, 그래? 괜찮아?
사　토	별로 괜찮지 않아. 그와 다시 사귈 생각은 없지만, 남자친구를 생각하면 눈물이 나서 참을 수가 없어.
스즈키	사람에 따라 다르겠지만, 오래 사귀었으니까 잊고 싶어도 금방 잊혀지지는 않을 거야.
사　토	그런가?
스즈키	응, 이럴 때는 술 마시고 잊는 게 제일이야. 오늘은 실컷 마시러 가지 않을래?
사　토	그래, 그러자.

어휘 학습

단어	예문
彼氏(かれし)	彼氏(かれし)ができる。
(명)남자친구, 애인	남자친구가 생기다.
別(わか)れる	彼女(かのじょ)と別(わか)れる。
(동)헤어지다, 이별하다	여자친구와 헤어지다.
大丈夫(だいじょうぶ)	多分(たぶん)大丈夫(だいじょうぶ)だよ。
(명/な형)괜찮음, 문제없음	아마 괜찮을 거야.
あんまり	今日(きょう)はあんまり暑(あつ)くない。
(부)그다지, 그리, 별로	오늘은 그다지 덥지 않다.
よりを戻(もど)す	二人(ふたり)はよりを戻(もど)した。
(헤어졌다가) 다시 합치다, 원래 관계로 돌아가다	두 사람은 다시 사귀기로 했다.
思(おも)い出(だ)す	若(わか)いころを思(おも)い出(だ)す。

단어	예문
(동)(잊었던 일을) 생각하다, (과거를) 회상하다	젊은 시절을 회상하다.
会う	一度も会ったことがない。
(동)만나다	한번도 만난 적이 없다.
人	人に何と言われようと平気だ。
(명)사람, 남, 사람들	사람들이 뭐라고 하든 아무렇지 않다.
違う	私の考えはあなたの考えとは違う。
(동)다르다, 틀리다, 잘못되다	내 생각은 당신 생각과 다르다.
付き合う	付き合ってもう七年になる。
(동)사귀다, 교제하다, 함께 하다	사귄 지 벌써 7년이 되다.
忘れる	ガスを消し忘れる。
(동)잊다	가스 끄는 것을 잊다.
すぐ	今すぐ行きます。
(부)곧, 당장, 머지않아, 쉽게, 곧잘, 바로	지금 바로 갑니다.
そういう	そういうことは言わない方がよい。
(연체)그와 같은, 그런	그런 말은 하지 않는 것이 낫다.
こういう	こういうこともたまにある。
(연체) 이와 같은, 이런	이런 일도 가끔 있다.
酒	酒に酔う。
(명)술	술에 취하다.
パーッと(ぱあっと)	有金をぱあっと使う。
(부)확, 활짝	가진 돈을 단숨에 다 쓰다.

문형해설 & 문형연습

1 ～つもりはない ~할 생각은 없다

彼(かれ)とよりを戻(もど)すつもりはない。

그와 다시 만날 생각은 없다. (의지)

「동(기본형) + つもりはない」

• 상대가 예상 또는 기대하는 행동을 미리 예측하고, 그럴 생각이 없다고 말할 때 사용한다.

1	この会社(かいしゃ)で長(なが)く働(はたら)くつもりはない。	이 회사에서 오래 일할 생각은 없다.
2	彼女(かのじょ)には、もう二度(にど)と会(あ)うつもりはない。	그녀와 다시 만날 생각은 없다.
3	A：大学院(だいがくいん)に進学(しんがく)するつもり？ B：いや、大学院(だいがくいん)に進学(しんがく)するつもりはないよ。	A：대학원에 진할 할거야? B：아니, 대학원에 진학할 생각은 없어.

2 ～のこと

彼(かれ)のことを思(おも)い出(だ)す。

그 사람을 떠올리다. (대상)

「명 + のこと」

• 어떤 것을 하나의 개체가 아닌, 그와 연관된 모든 것(추억, 외모 등)으로 지칭할 때 사용한다.

• 주로「思(おも)う(생각하다)」「言(い)う(말하다)」「あきらめる(포기하다)」와 같은 동사와 함께 사용한다.

1	彼女(かのじょ)はいつも子(こ)どものことばかり考(かんが)えている。	그녀는 항상 자식 일만 생각한다.
2	あなたのことを愛(あい)しています。	당신을 사랑합니다.
3	A：実(じつ)は、別(わか)れた彼女(かのじょ)のことが忘(わす)れられないんだ。 B：えっ、そうなの？	A：실은 헤어진 여자친구를 잊지 못하고 있어. B：어, 그래?

3 ～てたまらない ~해서 참을 수 없다/ ~해서 견딜 수 없다

泣(な)きたくてたまらない。

눈물이 나서 참을 수가 없다. (강조)

「な형어간＋でたまらない」「い형어간＋くてたまらない」

- 견딜 수 없을 정도로 화자의 감정, 욕구의 정도가 심하다는 것을 나타낸다.
- 제3자의 상태를 나타낼 때는「～ようだ」「～そうだ」「～らしい」등을 사용한다. (19쪽, 61쪽 참고)
- 비슷한 표현으로「～てしかたない」가 있다.

1	明日(あした)から連休(れんきゅう)だと思(おも)うと、うれしくてたまらない。	내일부터 연휴인 것을 생각하면 기뻐서 날아갈 것 같다.
2	試験(しけん)が終(お)わったので、遊(あそ)びたくてたまらない。	시험이 끝났기 때문에 놀고 싶어서 견딜 수가 없다.
3	朝(あさ)から何(なに)も食(た)べていないので、お腹(なか)が減(へ)ってたまらない。	아침부터 아무것도 안 먹었더니 배고파서 견딜 수가 없다.

4 ～によって ~에 따라

人(ひと)によって違(ちが)う。

사람에 따라 다르다. (경우)

「명＋によって」

- '여러 가지 경우에 따라서' 라는 의미이다.

예) ところによって(장소에 따라서) / 時(とき)と場合(ばあい)によって(때와 상황에 따라서) / 事(こと)と次第(しだい)によって(경우에 따라서)

1	明日(あした)は、晴(は)れのちくもり、ところによって、雨(あめ)が降(ふ)るでしょう。	내일은 맑은 뒤 흐려지며, 장소에 따라 비가 오는 곳도 있겠습니다.
2	時(とき)と場合(ばあい)によっては、嘘(うそ)が必要(ひつよう)なときもある。	때와 상황에 따라서는 거짓말이 필요할 때도 있다.
3	事(こと)と次第(しだい)によっては、今日(きょう)は帰(かえ)れないかもしれない。	경우에 따라서는 오늘 집에 못 들어갈 지도 모른다.

5 ～たくても～れない ~(하고) 싶어도 ~(할 수) 없다

忘れたくても忘れられない。

잊고 싶어도 잊을 수 없다. (불가능)

「동(연용형) + たくても、동(가능 부정형)」

- '그렇게 하고 싶어도 못한다'는 의미이다.
- 「～たい」와 「ても」그리고 가능을 나타내는 「～れる」의 부정형으로 이루어진 문형이다.
- 사정이 허락되지 않아서 못 할 때 또는 핑계를 댈 때 사용하기도 한다.

1	人に話したくても話せないことは、たくさんある。	다른 사람에게 말하고 싶어도 말 못하는 것들이 많다.
2	子どもがいるから、働きたくても働けない。	애가 있으니 일하고 싶어도 일을 못한다.
3	A：吉田さんって、彼氏と別れたのかな？ B：うーん。聞きたくても聞けないよね。	A：요시다씨는 남자친구와 헤어진 걸까? B：글쎄, 물어보고 싶어도 못 물어보겠어.

6 ～にかぎる ~(하는 게) 제일이다

お酒を飲んで忘れるに限る。

술을 마시고 잊는 게 제일이다. (최선)

「명 + にかぎる」「な형어간 + なのにかぎる」「い형(기본형) + のにかぎる」
「동(기본형/ない형) + にかぎる」

- '~가 제일이다/최고다/상책이다'라는 의미로, 「～なら(~라면, ~로 말할 것 같으면)」 「～たら(~다면)」와 함께 사용하는 경우가 많다.

1	付き合うなら、優しい人に限る。	사귄다면 다정한 사람이 제일이다.
2	ビールは冷たいのに限る。	맥주는 차가운 게 최고다.
3	体調が悪い時は、ゆっくり休むに限る。	컨디션이 안 좋을 때는 푹 쉬는 게 상책이다.

제13과 의견표명

제1강 그 의견에는 찬성하기 어렵습니다

제2강 아이를 낳겠다고 마음먹을 리가 없지

제13과 의견표명

제1강 그 의견에는 찬성하기 어렵습니다

渡辺(わたなべ)　その意見(いけん)には賛成(さんせい)しかねます。
どんなに頑張(がんば)っても、このスケジュールでは難(むずか)しいと思(おも)います。

課長(かちょう)　でも先方(せんぽう)が、このスケジュールでお願(ねが)いしたいと言(い)ってきてるんだ。

渡辺(わたなべ)　このスケジュールでやるとなると、
みんな過労(かろう)で倒(たお)れかねません。

課長(かちょう)　そうか。なんとかならないかな。

渡辺(わたなべ)　そうですね。
少(すく)なくともスケジュールを二ヶ月(にかげつ)延ばした上(うえ)で、
人(ひと)を増(ふ)やせば、なんとか対応(たいおう)できるかもしれませんが…。

課長(かちょう)　うーん。分(わ)かった。
部長(ぶちょう)には今(いま)の話(はなし)をふまえて決断(けつだん)してもらうようにするよ。

와타나베　그 의견에는 찬성하기 어렵습니다.
아무리 열심히 해도 이 일정으로는 어려울 것 같습니다.

과　장　근데 상대방이 이 일정으로 부탁한다고 말해와서 말이야.

와타나베　이 일정으로 진행하게 되면 다들 과로로 쓰러질 지도 모릅니다.

과　장　그래? 어떻게 안될까?

와타나베　글쎄요, 적어도 일정을 두 달 연장한 다음에 인원을 늘리면
어떻게든 맞출 수 있을 지도 모르겠습니다만….

과　장　그래, 알았어.
부장님께는 지금 나눈 이야기를 참고해서 결정하시라고 할게.

어휘 학습

단어	예문
意見(いけん)	意見(いけん)が一致(いっち)する。
(명)의견	의견이 일치하다.
賛成(さんせい)	彼(かれ)の意見(いけん)に賛成(さんせい)する。
(명)찬성	그의 의견에 찬성하다.
先方(せんぽう)	先方(せんぽう)の返事(へんじ)を待(ま)つ。
(명)상대편, 상대방	상대방의 답변을 기다리다.
過労(かろう)	過労(かろう)で倒(たお)れる。
(명)과로	과로로 쓰러지다.
倒(たお)れる	石(いし)につまずいて倒(たお)れる。
(동)쓰러지다, 넘어지다, 몸져 눕다	돌에 걸려 넘어지다.
なんとか	何(なん)とか合格(ごうかく)したい。
(부)어떻게든	어떻게든 합격하고 싶다.
延(の)ばす	出発(しゅっぱつ)を延(の)ばす。
(동)연기하다	출발을 연기하다.
増(ふ)やす	人手(ひとで)を増(ふ)やす。
(동)늘리다	일손을 늘리다.
対応(たいおう)	対応(たいおう)がはやい。
(명)대응, 대처	대응이 빠르다.
ふまえる	実情(じつじょう)を踏(ふ)まえる。
(동)근거로 하다, 고려하다	실정을 고려하다.
決断(けつだん)	彼(かれ)は決断力(けつだんりょく)がある。
(명)결단	그는 결단력이 있다.

문형해설 & 문형연습

1 ~かねる ~하기 어렵다/~할 수 없다

その意見には賛成しかねる。

그 의견에는 찬성하기 어렵다. (불가능)

「동(연용형) + かねる」

- 동사의 연용형에 붙어 '~하려고 해도/노력해도 불가능하다'라는 의미이다.
- 관용표현으로 「決めるに決めかねる(결정하려해도 결정하기가 어렵다)」 「見るに見かねて(보다 못하여)」등이 있다.
- 일상적인 대화에서보다 문어체에서 주로 사용하는 딱딱한 표현이다.

1	はっきり言って、彼の行動は理解しかねる。	솔직히 말해서 그의 행동은 이해하기 어렵다.
2	松本さんにどんなプレゼントをしようか、決めかねている。	마츠모토씨에게 어떤 선물을 줄지 정하지 못하고 있다.
3	長時間労働にたえかねて、仕事を辞める。	장시간 근무를 참을 수가 없어서 일을 그만두다.

2 ~てくる ~해오다

このスケジュールでお願いしたいと言ってくる。

이 일정으로 부탁한다고 말해왔다. (동작주체)

「동(て형) + くる」

- 화자를 대상으로 동작이 이루어질 때 사용한다.
- 동작의 주체는 「~が」, 동작의 대상은 「~に」를 사용한다.

1	母がときどき食料品などを送ってくる。	어머니께서 가끔씩 음식을 보내오신다.
2	タクシーの運転手が話しかけてきた。	택시 운전기사가 나에게 말을 걸어왔다.
3	真夜中に友達が電話をかけてきた。	한밤중에 친구가 전화를 걸어왔다.

3 ～かねない ~할지도 모른다

過労で倒れかねない。

과로로 쓰러질 지도 모른다. (가능·가능성)

「동(연용형) + かねない」

- 어떤 가능성, 위험성이 있을 것이라는 의미이다.
- 「～かもしれない」「～ないとはいえない」와 비슷하지만, 「～かねない」는 화자가 부정적인 평가를 내릴 때만 사용할 수 있다.
- 「しかねない」「やりかねない」는 일반적으로 하지 않는 일을 할지도 모른다는 의미이다.
- 일상적인 대화에서보다 문어체에서 주로 사용하는 딱딱한 표현이다.

1	そんな運転をしていたら、事故を起こしかねない。	그런 식으로 운전하다가는 사고를 낼 수도 있다.
2	そんな態度で仕事をしていたら、首になりかねない。	그런 태도로 일하다가는 해고를 당할지도 모른다.
3	A：彼がやったんじゃない？ B：まあ、彼ならやりかねないよね。	A：그가 한 짓 아니야? B：응, 그라면 그렇게 하고도 남지.

4 ～とも/～ても ~도

少なくともスケジュールを二ヶ月延ばす。

적어도 일정을 두 달 연장하다. (견적)

「い형어간 + くとも/くても」

- '그렇게 어림잡아서'라는 의미로, 수량 표현과 함께 사용한다.

1	A：どれくらい時間かかりそう？ B：長くとも五分ぐらいじゃない？	A：얼마나 시간이 걸릴 것 같아? B：길어도 5분정도 아닐까?
2	A：何人ぐらい採用するのかな？ B：多くとも三人程度じゃない？	A：몇 명 정도 뽑을까? B：많아도 3명 정도 아닐까?
3	A：明日何時に出発する？ B：遅くとも十一時には出発したいな。	A：내일 몇 시에 출발할거야? B：늦어도 11시에는 출발하고 싶은데.

5 ～ば～かもしれない ~하면 ~할 지도 모른다

人を増やせば、なんとか対応できるかもしれない。

인원을 늘리면 어떻게든 맞출 수 있을 지도 모른다. (가정조건)

「명/な형어간 + ならば～かもしれない」「い형어간 + ければ～かもしれない」

「동(조건형) + ば～かもしれない」

- 「XばYかもしれない」는 'X가 성립되면 당연히 Y가 성립될 것이다'라는 의미로, Y에는 아직 실현되지 않은 내용이 온다.
- 문장 끝에는「～だろう(~일 것이다)」「～にちがいない(~임이 틀림없다)」「～はずだ(~일 것이다)」「～と思う(~라고 생각한다)」와 같은 추측표현을 사용한다.

1	手術をすれば、命は助かるだろう。	수술하면 목숨은 건질 수 있을 것이다.
2	みんなが反対をすれば、彼も考え直すにちがいない。	모두가 반대하면 그도 생각을 바꿀 것이 틀림없다
3	何の問題もなければ、来週には退院できるはずだ。	아무런 문제가 없으면 다음주에는 퇴원할 수 있을 것이다.

6 ～をふまえ(て) ~를 근거로

今の話をふまえて決断する。

지금 나눈 이야기를 참고해서 결단을 내리다. (판단근거)

「명 + をふまえ(て) + 문장」

- 어떤 사항을 '판단의 근거로 삼아' '염두에 두고'라는 의미이다.
- 일상적인 대화에서보다 문어체에서 주로 사용하는 딱딱한 표현이다.

1	自分の経験をふまえてアドバイスをする。	자신의 경험을 바탕으로 조언을 하다.
2	今の状況をふまえて判断する。	지금 상황을 고려해서 판단하다.
3	みんなの意見をふまえて決定する。	사람들의 의견을 참고해서 결정하다.

제13과 의견표명

제2강 아이를 낳겠다고 마음먹을 리가 없지

鈴木(すずき)　保育所(ほいくしょ)に入(はい)るのってなかなか大変(たいへん)なんだってね。

佐藤(さとう)　そうらしいね。
うちの姉(あね)も希望(きぼう)の保育所(ほいくしょ)に入(い)れなかったみたい。

鈴木(すずき)　そうなんだ。

佐藤(さとう)　子(こ)どもを産(う)んだとしても、預(あず)けるところがなければ、
子(こ)どもを作(つく)ろうと思(おも)うわけがないよね。

鈴木(すずき)　そうだよね。

佐藤(さとう)　誰(だれ)の手(て)も借(か)りずに子(こ)どもを育(そだ)てるのは難(むずか)しいもんね。

鈴木(すずき)　うん。せめて近(ちか)くに親(おや)でも住(す)んでいれば、
いいのかもしれないけど。

佐藤(さとう)　まあね。でも近(ちか)くに親(おや)が住(す)んでいたとしても、
子(こ)どもを見(み)てくれるとは限(かぎ)らないからね。
うちの両親(りょうしん)なんかはまだ働(はたら)いているから、
孫(まご)の面倒(めんどう)は見(み)れないし。

鈴木(すずき)　そうだよね。保育所(ほいくしょ)の問題(もんだい)が解決(かいけつ)されない限(かぎ)り、
少子化問題(しょうしかもんだい)も解決(かいけつ)しないだろうね。

스즈키	어린이집에 들어가기가 꽤 어렵다면서?
사　토	그렇다고 하더라. 친언니네도 원하던 어린이집에 못 들어갔나 봐.
스즈키	그렇구나.
사　토	아이를 낳는다 해도 맡길 곳이 없으면 아이를 낳겠다고 마음먹을 리가 없지.
스즈키	맞아.
사　토	누구의 손도 빌리지 않고 아이를 키우기란 어려운 일이니까.
스즈키	응, 가까이에 부모님이라도 살고 계시면 좋겠지만.
사　토	그렇지. 그런데 가까이에 부모님께서 살고 계셔도 아이를 꼭 돌봐주실 수 있는 건 아니야. 우리 부모님 같은 경우는 아직 일하고 계셔서 손자를 돌봐주실 수 없거든.
스즈키	그렇네. 어린이집 문제가 해결되지 않는 한 저출산 문제는 해결되지 않겠다.

어휘 학습

단어	예문
保育所(ほいくしょ)	保育所(ほいくしょ)に子(こ)どもを預(あず)ける。
(명)어린이집, 탁아소	어린이집에 아이를 맡기다.
姉(あね)	姉(あね)と兄(あに)がいる。
(명)언니, 누나	언니와 오빠가 있다.
希望(きぼう)	希望(きぼう)を捨(す)てる。
(명)희망	희망을 버리다.
産(う)む	にわとりが卵(たまご)を産(う)む。
(동)낳다	닭이 알을 낳다.
預(あず)ける	銀行(ぎんこう)にお金(かね)を預(あず)ける。
(동)맡기다, 보관시키다	은행에 돈을 맡기다.
手(て)を借(か)りる	人(ひと)の手(て)を借(か)りずに済(す)んだ。
손을 빌리다, 도움을 받다	남의 손을 빌리지 않고도 해결됐다.

단어	예문
育てる	運動選手を育てる。
(동)키우다, 기르다, 양성하다	운동선수를 양성하다.
近い	このアパートは駅から近い。
(い형)가깝다	이 아파트는 역에서 가깝다.
親	生みの親より育ての親
(명)부모	낳아준 부모보다 길러준 부모 (낳은 정보다 기른 정이 더 크다는 의미의 관용표현)
両親	両親と一緒に暮らす。
(명)양친, 부모	부모와 함께 살다.
孫	孫ができる。
(명)손자	손자가 태어나다.
面倒を見る	子どもの面倒を見る。
보살피다, 돌봐주다	아이를 돌봐주다.
解決	早期解決を目指す。
(명)해결	빠른 해결을 도모하다.
少子化	少子化が進む。
(명)저출산화	저출산화가 진행되다.

문형해설 & 문형연습

1 ～としても ~한다 해도

子(こ)どもを産(う)んだとしても、預(あず)けるところがない。

아이를 낳는다 해도 맡길 데가 없다. (가정)

「명/な형/い형/동(보통형) + としても」

- '만약/가령 ~일 경우라도'라는 의미이다.
- 「XとしてもY」는 '설령 X가 사실이거나 이루어진다고 하더라도 Y하다' 라는 의미이다.
- Y에는 X에서 예상 또는 기대하는 것과 반대되는 내용이 온다.
- 후행절에는 부정적인 내용이 오는 경우가 많다.

1	たとえその話(はなし)が本当(ほんとう)だとしても、誰(だれ)も信(しん)じないだろう。	설령 그 이야기가 사실이라고 해도, 아무도 믿지 않을 것이다.
2	タクシーで行(い)ったとしても、三十分(さんじゅっぷん)はかかるだろう。	택시를 타고 가더라도 30분은 걸릴 것이다.
3	誰(だれ)かが止(と)めたとしても、彼(かれ)は絶対(ぜったい)そこに行(い)っていただろう。	누가 말렸더라도 그는 반드시 거기로 갔을 것이다.

2 ～わけがない ~리가 없다

子(こ)どもを預(あず)けるところがなければ、
子(こ)どもを作(つく)ろうと思(おも)うわけがない。

아이를 맡길 곳이 없으면 아이를 낳겠다고 마음먹을 리가 없다. (부정)

「명/な형/い형/동(보통형) + わけがない」「명 + のわけがない」
「な형어간 + なわけがない」

- 어떤 일이 일어날 이유나 가능성이 없다고 강하게 주장할 때 사용한다.
- 「～はずがない」로 대체 가능하며, 구어체에서는 「～わけない」를 사용하기도 한다.

1	A：彼(かれ)が犯人(はんにん)じゃないかな？ B：えっ、まさか。彼(かれ)が犯人(はんにん)のわけがないよ。	A：그가 범인이 아닐까? B：설마. 그가 범인일 리가 없어.
2	A：ねえ、あの人(ひと)伊藤(いとう)さんのお母(かあ)さんじゃない？ B：えっ、まさか。あんなに若(わか)いわけがないよ。	A：저 분 이토씨 어머니 아니셔? B：설마. 저렇게 젊으실 리가 없어.
3	A：彼(かれ)、また試験(しけん)に落(お)ちたんだって。 B：やっぱりね。勉強(べんきょう)していないんだから、合格(ごうかく)するわけがないよ。	A：그 사람 또 시험에 떨어졌대. B：역시 공부를 안 하는데 합격할 리 없지.

3 ～ずに ~하지 않고

誰(だれ)の手(て)も借(か)りずに子(こ)どもを育(そだ)てる。

누구의 손도 빌리지 않고 아이를 키우다. (상황)

「동(미연형) + ずに」

- 「XずにY」 형태로 사용하며, ‘X하지 않은 상태에서 Y하다’라는 의미를 나타낸다.
- 일상적인 대화에서보다 문어체에서 주로 사용하는 딱딱한 표현으로, 구어체에서는 「～ないで」를 사용하는 경우가 많다.

1	ご飯(はん)も食(た)べずに、仕事(しごと)をする。	밥도 먹지 않고 일을 하다.
2	エアコンをつけずに、過(す)ごす。	에어컨을 켜지 않고 지내다.
3	あきらめずに、最後(さいご)までがんばる。	포기하지 않고 마지막까지 열심히 하다.

4 ～とはかぎらない (반드시/모두) ~는 아니다

祖父母(そふぼ)が子(こ)どもを見(み)てくれるとは限(かぎ)らない。

조부모가 아이를 꼭 돌봐줄 수 있는 것은 아니다. (예외)

「명/な형/い형/동(보통형) + とはかぎらない」

- ‘~가 항상 옳다고 할 수는 없다’는 의미이다.
- 일반적으로 옳다고 생각하는 것에 대해서 예외가 있다고 말할 때 사용한다.

1	お金持ちがみんな、幸せとは限らない。	부자가 다 행복한 것은 아니다.
2	いい大学を出ているからといって、賢いとは限らない。	좋은 대학을 나왔다고 해서 다 똑똑한 것은 아니다.
3	かっこいいからといって、女の子にもてるとは限らない。	잘 생겼다고 해서 여자들한테 인기가 있는 것은 아니다.

5 ～なんか ~같은 경우

うちの両親なんかはまだ働いている。

우리 부모님 같은 경우는 아직 일하고 계신다. (예시)

「명 + なんか」

- 여러 가지 중에서 주된 것을 하나만 예로 들 때 사용한다.

1	A：お酒はお好きですか。 B：ええ。ワインなんかはよく飲みますよ。	A：술 좋아하세요? B：네, 와인 같은 것은 자주 마셔요.
2	A：このスカートに合うジャケットはありますか？ B：こちらのジャケットなんかはいかがですか。	A：이 치마에 어울리는 재킷은 있어요? B：이런 재킷 같은 것은 어떠세요?
3	A：松本さんに、どんなプレゼントあげたらいいかな？ B：そうだね。化粧品なんかはどうかな？	A：마츠모토씨에게 어떤 선물을 주는 게 좋을까? B：글쎄, 화장품 같은 것은 어떨까?

6 ～ないかぎり ~하지 않는 한

保育所(ほいくしょ)の問題(もんだい)が解決(かいけつ)されない限(かぎ)り、少子化問題(しょうしかもんだい)は解決(かいけつ)しない。

어린이집 문제가 해결되지 않는 한 저출산 문제는 해결되지 않을 것이다. (조건범위)

「동(ない형) + かぎり」

- '어떤 일이 일어나지 않는 한'이라는 의미로, 조건의 범위에 대해서 말할 때 사용한다.
- 후행절에서는 그 조건 하에서 성립되는 것을 언급한다.
- 만약에 그 조건이 바뀌면, 후행절에서 언급하는 것도 함께 바뀔 가능성이 있다는 의미를 내포하고 있다.

1	雨(あめ)でも降(ふ)らないかぎり、大会(たいかい)は中止(ちゅうし)にならないだろう。	비라도 오지 않는 한 대회는 취소되지 않을 것이다.
2	特別(とくべつ)な理由(りゆう)がないかぎり、健康診断(けんこうしんだん)は必(かなら)ず受(う)けなければならない。	특별한 사유가 없는 한 건강검진은 꼭 받아야 한다.
3	彼(かれ)が土下座(どげざ)でもしないかぎり、絶対(ぜったい)に許(ゆる)さない。	그가 무릎이라도 꿇지 않는 한 절대로 용서하지 않겠다.

문형 색인

커뮤니케이션

일본어 회화

초판 인쇄 2018년 12월 3일
초판 발행 2018년 12월 10일

지은이 사사히로코 · 장윤희
발행인 김인철
총괄 · 기획 가정준 Director, University Knowledge Press
편집장 신선호 Executive Knowledge Contents Creator
도서편집 박현정 Contents Creator
전자책편집 이리나 e-Contents Creator
재무관리 문수진 Managing Creator
사전 · 출판 정준희 Contents Creator
마케팅 파트장 백승이 Chief Marketing Creator
마케팅 이현진 Marketing Creator
발행처 한국외국어대학교 지식출판콘텐츠원
02450 서울특별시 동대문구 이문로 107
전화 02)2173-2493~7
팩스 02)2173-3363
홈페이지 http://press.hufs.ac.kr
전자우편 press@hufs.ac.kr
출판등록 제6-6호(1969. 4. 30)
디자인 · 편집 디자인퍼브 02)2254-4308
인쇄 · 제본 네오프린텍 02)718-3111

ISBN 979-11-5901-431-4 13730 정가 16,000원

*잘못된 책은 교환하여 드립니다.

HU:iNE은 한국외국어대학교 지식출판콘텐츠원의 어학도서, 사회과학도서, 지역학 도서 Sub Brand이다. 한국외대의 영문명인 HUFS, 현명한 국제전문가 양성(International +Intelligent)의 의미를 담고 있으며, 휴인(携引)의 뜻인 '이끌다, 끌고 나가다'라는 의미처럼 출판계를 이끄는 리더로서, 혁신의 이미지를 담고 있다.